生态旅游理论与实例研究

周建明 所 萌 编著

中国建筑工业出版社

图书在版编目（CIP）数据

生态旅游理论与实例研究 / 周建明等编著. —北京：中国建筑工业出版社，2013.7
ISBN 978-7-112-15517-0

Ⅰ.①生… Ⅱ.①周… Ⅲ.①生态旅游－研究－非洲 Ⅳ.①F594

中国版本图书馆CIP数据核字（2013）第129073号

编委会

主　编：周建明　所　萌
参　编（按姓氏笔画排序）：
　　　　丁洪建　冉钇天　苏　航　张高攀
　　　　岳晓婧　胡文娜　洪治中　谢丽波

责任编辑：郑淮兵　杜一鸣
责任校对：陈晶晶　赵　颖

生态旅游理论与实例研究
周建明　所　萌　编著
*
中国建筑工业出版社出版、发行（北京西郊百万庄）
各地新华书店、建筑书店经销
北京锋尚制版有限公司制版
北京云浩印刷有限责任公司印刷
*
开本：787×1092毫米　1/16　印张：13　字数：225千字
2013年11月第一版　2013年11月第一次印刷
定价：66.00元
ISBN 978－7－112－15517－0
（24096）

版权所有　翻印必究
如有印装质量问题，可寄本社退换
（邮政编码100037）

前 言
Preface

　　古人云"读万卷书，行万里路"。"行路"自古便是一种重要的学习方式，是使人丰富知识、开阔视野的重要途径。对于城市规划和旅游规划工作者而言，"行路"的作用显得尤为重要，通过实地考察可以了解不同地域的历史文化、山川风光、民俗风情、名胜遗迹，"（探访将）帮助我们去理解这些我们并不了解的东西"（墨西哥建筑大师，理卡多·雷可瑞塔），体验书中无法想象的世界。在丰富阅历，增长见识的同时，为规划工作提供更多更好的借鉴。

　　基于此目的，2009年8月，中国城市规划设计研究院旅游规划研究中心组织专业技术人员一行17人远赴非洲大陆，进行了为期17天的生态旅游专项考察学习。此次考察的足迹遍及肯尼亚、津巴布韦、南非三个国家，重点考察了肯尼亚的国家公园和自然保护区、津巴布韦的世界遗产地以及南非的滨海度假地，通过实地考察、体验与走访获取了大量的资料，为今后生态旅游的规划设计与规划研究积累了宝贵的经验。

　　考察结束后，全团成员集各自专业之所长，将自己一路的所思、所想、所感付诸笔墨，汇集成册。

一、考察背景

　　"生态旅游"这一术语，最早由世界自然保护联盟（IUCN）于1983年首先提出,1993年国际生态旅游协会把其定义为：具有保护自然环境和维护当地人民生活双重责任的旅游活动。生态旅游的产生，有着深刻的社会、经济及文化背景，它与人类生活环境质量的恶化，人类环境意识的觉醒、人类回归自然心理的激活、世界环境保护事业和旅游业持续发展的要求密不可分。

随着我国产业结构的不断调整优化升级、自然生态保护意识的不断增强，利用丰富的自然资源发展生态旅游成为低碳经济时代的首选，生态旅游在我国迅速发展。但由于起步较晚，我国的生态旅游存在着规划滞后、投入不足、缺少精品、环境恶化、管理粗放等诸多问题，特别是规划工作的滞后，规划理念、专业化水平和规划深度的不足，在一定程度上影响了我国生态旅游的健康发展。

由于可持续发展理念的深入和科学发展观的贯彻落实，各级政府对自然资源的保护与生态旅游的发展日益重视。近年来，中国城市规划设计研究院旅游规划研究中心承担了大量的生态旅游规划业务，包括新疆喀纳斯湖、新疆巴音布鲁克、齐齐哈尔扎龙湿地、东营黄河口湿地、内蒙古乌梁苏海湿地、河北衡水湖湿地、辽宁辽河口湿地等诸多项目。在规划实践的基础上，旅游规划研究中心的专业技术人员带着对生态保护和生态旅游规划的思考，组团亲赴世界生态旅游的发源地——非洲，实地考察了其自然保护和生态旅游的相关内容。

二、非洲生态旅游特点

非洲是地球上生态系统保持最完整的大陆之一，是野生动物最后的伊甸园。凭借旖旎的风光、丰富的野生动植物资源，以及国际组织和西方发达国家技术机构的帮扶，非洲成为世界生态旅游的重要发源地之一，并且也是迄今全球范围内生态旅游开展得最好的区域，特别是南部非洲的很多国家都将生态旅游作为保护本国资源和振兴经济的最佳选择。

肯尼亚是公认的非洲乃至世界生态旅游发展较早的国家。肯尼亚1963年独立，自20世纪70年代开始，便通过实施全面禁猎、保护生态环境的手段发展生态旅游。1990年，肯尼亚召开了生态旅游的区域性工作会议；1993年，肯尼亚诞生了全非洲第一个生态旅游协会（ESOK）；1997年，肯尼亚主办了关于生态旅游的国际研讨会。迄今为止，肯尼亚共成立了26座国家公园、28处保护区和1处自然保留区，这些区域面积共占其陆地面积的12%。几十年来，肯尼亚生态旅游取得的显著成就，一方面得益于政府对生态旅游的重视，另一方面，由于近百年的殖民历史，肯尼亚在经济、政治、文化等各方面都与欧美保持着密切的关系，如肯尼亚首都内罗毕是许多国际组织的驻地，素有非洲小巴黎之称。国际组织对肯尼亚生态旅游的指导、参与以及肯尼亚与欧美国家频繁的双边交流，使得生态旅游在肯尼亚蓬勃发展，旅游产业现已成为肯尼亚的主要支柱产业。

南部非洲作为当今国际生态旅游的热点地区，无论是肯尼亚还是南非、津巴布韦，都特别重视和致力于生态旅游产品的开发，先后规划建设和开发利用了一批世界著名的生态旅游项目，实现了环境保护与利用的有机结合，被联合国环境规划署、世界旅游组织誉为环境保护与生态旅游发展的成功典范。

三、考察重点

非洲的生态旅游具有资源丰富、景观独特、设施完善、服务水平高、开发成熟度高的特点，此次生态旅游考察团共走访了肯尼亚、津巴布韦和南非三个国家，并针对各个国家不同的地域特点、资源特色进行了不同侧重点的考察。

作为非洲生态旅游的代表——肯尼亚，考察主要侧重于国家公园及自然保护区的管理、生态旅游产品的开发、生态旅游服务接待基地的建设等内容，考察团重点走访了阿布岱尔国家公园、纳库鲁湖国家公园和马赛马拉国家保护区；作为有着丰富世界遗产的国度——津巴布韦，考察重点在于世界遗产和风景资源的保护与管理，实地考察了世界自然遗产、世界三大瀑布之一的维多利亚瀑布、非洲南部第一大河赞比西河；作为非洲经济最发达的地区——南非，考察则主要侧重于旅游城镇的建设、滨海旅游度假产品的开发、旅游配套设施的建设，考察团沿南非著名的滨海公路"花园大道"一路向东，考察了沿途的旅游城镇，包括"最佳观鲸地"赫曼努斯、"世界鸵鸟养殖中心"奥次颂、"地球表面最美丽的村庄"乔治镇，以及"南非瑞士"奈斯纳等，并以开普半岛为中心，考察了开普角和好望角自然保护区。

此次非洲生态旅游考察团的成员由规划、旅游、建筑、景观等诸多专业构成,大家以各自专业为基础,通过讨论、交流,形成系列专题报告,包括《生态旅游发展研究》、《非洲生态旅游考察综述——景点与游线概况》、《非洲国家公园和自然保护区的管理经验借鉴》、《南部非洲生态旅游市场定位及产品开发》、《生态型旅游度假接待基地建筑初探》、《旅游接待服务基地景观风貌特色研究》、《非洲旅游接待服务基地景观规划设计探讨》、《非洲生态度假酒店景观规划的思考》、《非洲国家公园与度假村植物景观规划设计浅议》、《非洲景区道路与游线体会》十篇小文,编辑成册,同时附有大量现场考察拍摄的精彩照片,既是此次考察的总结,也希望为今后的生态旅游规划提供翔实、丰富的研究案例,为生态旅游规划起到指导作用。

  本书的出版,不仅凝聚着全团成员的心血,更离不开中国城市规划设计研究院王静霞院长、李晓江院长和秦凤霞主任的全力支持,以及旅游规划研究中心主任工程师罗希的完美策划,正是因为他们的支持与努力,才会有考察的成行以及此书的面世,在此,特对他们表示深深的谢意!

中国城市规划设计研究院旅游规划研究中心

周建明 所萌

2009年8月 于北京

目 录
Contents

前 言

第一章 生态旅游发展研究 // 001

Chapter One

一、生态旅游兴起 // 002
1. 产生背景 // 002
2. 可持续旅游 // 003

二、生态旅游概念 // 006
1. 生态旅游概念的产生：源于绿色旅游 // 006
2. 生态旅游概念的形成 // 007
3. 生态旅游的基本内涵 // 007
4. 生态旅游的定义 // 008
5. 理想的生态旅游系统 // 009
6. 实施生态旅游的途径 // 009

三、生态旅游的发展 // 009
1. 生态旅游的发展历程 // 009
2. 生态旅游的发展现状 // 011
3. 生态旅游在中国的发展及其误区 // 012

四、生态旅游开发模式 // 012
1. 生态旅游目标 // 012
2. 生态旅游三个基本模式 // 013
3. 生态旅游开发方式 // 014
4. 生态旅游发展面临的难题 // 014

五、生态旅游规划原则和方法 // 015
1. 规划理念 // 015
2. 生态旅游规划要点 // 016
3. 生态旅游规划原则 // 016
4. 规划方法 // 017

六、国内外生态旅游研究进展 // 018
1. 国外生态旅游研究进展 // 018
2. 国内生态旅游的研究概况 // 026

七、生态旅游产品：自然保护区生态旅游 // 045
1. 自然保护区的发展历程 // 045
2. 自然保护区的旅游开发 // 048
3. 中国的自然保护区及其旅游开发 // 050

八、生态安全格局与生态旅游 // **051**

1. 生态安全格局概念 // 051
2. 生态安全格局研究进展 // 052
3. 旅游区生态安全格局构建 // 053

九、旅游开发的环境影响分析 // **055**

1. 旅游资源与环境价值评估 // 055
2. 旅游开发的环境影响 // 057
3. 旅游容量与门槛人口——生态旅游规划的理论依据 // 058
4. 环境规划方法 // 059

十、旅游环境容量 // **061**

1. 旅游容量概念的形成过程 // 062
2. 旅游容量类型 // 063
3. 旅游容量测算方法 // 064
4. 测算方法中存在的问题 // 067

十一、案例—北京景区环境容量测算方法 // **068**

1. 测算指标和方法选择 // 068
2. 技术路线 // 069
3. 数据获取途径 // 070
4. 样本景区容量测算方法 // 071
5. 批量景区容量测算方法 // 073

十二、低碳旅游 // 075

    1. 低碳经济的诞生及诠释 // 075

    2. 低碳旅游——旅游业持续发展的目标 // 076

十三、旅游生态足迹 // 077

    1. 生态足迹（Ecological footprint）的概念 // 077

    2. 生态足迹分析法 // 077

    3. 旅游生态足迹（Touristic ecological footprints） // 078

    4. 旅游生态足迹计算方法 // 078

第二章　非洲生态旅游开发与管理研究 // 079

一、非洲国家公园和自然保护区的经营管理及借鉴 // 080

    1. 肯尼亚 // 080

    2. 津巴布韦 // 084

    3. 南非 // 085

    4. 对我国处理自然保护区与旅游开发关系的借鉴 // 088

二、南部非洲生态旅游市场定位及产品开发 // 089

    1. 导言 // 089

    2. 南部非洲生态旅游市场定位 // 090

    3. 南部非洲生态旅游产品开发 // 092

三、非洲生态旅游考察景点与游线综述 // 106

    （一）肯尼亚——生态之旅 // 106

        1. 肯尼亚中心地区 // 106

        2. 南部裂谷地区 // 110

（二）南非——滨海之旅 // 116
   1. 开普酒乡（Cape Winelands） // 116
   2. 花园大道（Garden Route） // 119
   3. 开普半岛（Cape Peninsula） // 124

（三）津巴布韦——世界遗产地之旅 // 129
   1. 维多利亚瀑布（Victoria Falls） // 129

四、非洲景区道路、游线与标识、标牌设计 // 132
   1. 非洲景区道路、游线设计 // 132
   2. 非洲景区标识标牌体会 // 137

第三章　非洲生态旅游接待服务基地实例介绍 // 141

一、生态旅游接待服务基地基础研究 // 142
   1. 类型 // 142
   2. 功能设施分类 // 143
   3. 建设选址条件 // 144
   4. 规模 // 144
   5. 关于Hotel、Lodge和Camp // 145

二、非洲生态旅游接待服务基地规划建设 // 147
   1. 选址策划 // 147
   2. 场地规划 // 149
   3. 景观规划 // 151
   4. 建筑设计 // 154
   5. 节点设计 // 158
   6. 植物造景 // 165

三、非洲旅游接待服务基地案例分析 // 167

1. Safari Club Hotel（狩猎俱乐部酒店）// 167
2. Treetops Hotel（树顶旅馆）// 170
3. Outspan Lodge（马鞍旅馆）// 174
4. Fig Tree Camp（无花果树营地）// 175
5. Keekorok Lodge // 178
6. Lake Nakuru Lodge（纳库鲁湖旅馆）// 182
7. Elephant Hill Hotel（象山酒店）// 184

四、非洲旅游接待服务基地特点 // 188

1. 理念—尊重文化，符合生态 // 188
2. 空间—因地制宜，借鉴传统 // 189

参考文献 // 191

第一章 生态旅游发展研究

SHENGTAILVYOUFAZHANYANJIU

Chapter One

生态旅游兴起

1. 产生背景

1)"人地关系"的渐趋紧张

工业化、城镇化的迅速发展增强了人类开发地球的能力,也严重扭曲了人类与自然的正常关系。人类大肆攫取各种资源,致使污染加重、公害频发、物种灭绝等严重问题,人类发展受到严重阻碍。传统发展模式障碍重重,人类开始逐步调整与地球之间的关系,生态环保的绿色浪潮开始在世界各国兴起。

2)"无烟工业"的再认识

旅游业在不过百年的历史中,取得了惊人的发展速度与规模,并被一度称为"无烟工业"。然而,由于生态意识淡薄,旅游加剧了自然景观与人文景观的破坏。法国、西班牙失去了大量的大海、阳光、沙滩、绿树和村落构成的自然景观,地中海地区的500多种生物受到灭绝的威胁。事实证明旅游业并非无污染工业,其对生态环境同样有巨大的破坏,所以旅游发展的生态模式开始受到欢迎。

3)"可持续发展"的普遍关注

20世纪60年代以来,人类对生态环境与经济发展相互关系的经验与教训进行了深刻总结。在人类对环境保护的呼声日益高涨的背景下,可持续发展理论逐步形成。可持续发展要以保护自然资源和环境为基础,同资源与环境的承载力相协调。可持续发展理论的广泛关注,为生态旅游的兴起提供了理论基础。

2. 可持续旅游

1）可持续发展概念

"世界环境与发展委员会"在报告《我们共同的未来》中提出的定义："可持续发展是满足当代人需求，又不损害满足子孙后代需求能力的发展"

世界自然保护联盟（IUCN）将可持续发展概念表述为："可持续发展是一种在不损耗或不破坏资源的情况下所允许的开发过程"。

2）中国的可持续发展概念

中国政府根据中国国情，将可持续发展定义为四个方面（21世纪议程）：（1）可持续发展的核心是发展；（2）可持续发展的重要标志是资源的永续利用和良好的生态环境；（3）可持续发展要求既要考虑当前发展的需要，又要考虑未来发展的需要，不以牺牲后代人的利益为代价来满足当代人的利益；（4）可持续发展的基本原则是发展必须以不破坏或少破坏人类赖以生存的环境和资源为前提，将生态环境的可持续性和社会文化的可持续性与经济增长的可持续性相结合。

3）可持续发展的原则

（1）发展的公平性：即现代和子孙后代公平地享用自然资源，满足共同需求。

（2）发展的可持续性：即资源开发应在生态环境系统的承受能力范围内，保持生态系统的平衡与稳定，减少不可更新资源的消耗。

（3）发展的共同性：可持续发展作为全球发展的总目标，需要全球的联合行动，克服区域障碍和民族障碍，保证各个地区整体利益的实现（能源的使用、二氧化碳的排放都具有全球性的影响）。

4）实现可持续发展的途径

（1）有效地管理资源。使资源使用的速度低于更新的速度，从利用不可再生资源或再生速度较慢的资源转向利用可以再生的资源和再生速度较快的资源。

（2）建立资源节约型经济。通过建立资源利用的更新和补偿机制，减少资源浪费，控制资源需求，改变传统的发展成本核算方法，将环境影响和资源消耗计入成本。

（3）建立可持续发展的人口与环境意识。从强调自然资源总量转变为强调人均资源总量。中国总体特征是资源总量大，但人均资源总量低。

5）可持续旅游概念

可持续旅游概念是随着可持续发展这一新观念的出现而出现的，是可持续思想在旅游这一特定经济和文化领域的延伸。从可持续发展思想产生起，旅游的可持续发展就成为可持续发展的重要议题之一。

在《21世纪议程》中，很多条款涉及旅游业在实现可持续发展中的作用，如在森林资源保护方面，将旅游作为促进森林非破坏性利用和有效利用的途径之一；在山区发展、农村发展、海洋资源利用等方面，旅游业也在实现可持续发展目标中占据重要地位。

6）可持续旅游的思想体系

可持续旅游包括三个方面的含义：（1）在为旅游者提供高质量的旅游环境的同时，改善当地居民生活水平；（2）在发展过程中维持旅游供给地区生态环境的协调性、文化的完整性和旅游业经济目标的可获得性；（3）保持和增强环境、社会和经济未来的发展机会。

7）可持续旅游目标

可持续旅游发展目标包括社会目标、经济目标和环境目标三个方面：

（1）经济目标—增加就业，扩大产品市场，增加经济收入，改善地方基础设施条件，改善地区的生活质量。

（2）社会目标—保护地方文化遗产，增强当地人的文化自豪感，为不同地区和不同文化的人们提供理解和交流机会；向旅游者提供高质量的旅游产品。

（3）环境目标—改进土地利用方式，从消耗性利用转为建设性利用；改善生态环境，加强公众的环境和文化意识，促进环境和文化的保护；保护未来旅游产品开发赖以生存的生态和文化环境质量。

8）可持续旅游的衡量标准

传统旅游业中，旅游业是一个单一目标的经济行业，缺乏明确的生态环境目标和社会发展目标。可持续旅游将三者结合，将社区发展作为发展旅游业的主要目标，将旅游环境保护作为旅游业发展的基本条件，达到社会、经济和环境的共同发展。评价旅游业可持续性的基本标准是：

（1）社会发展标准：旅游业能否保证开发成本和收益的公平分配，当地居民能否从旅游业中获得经济利益和就业机会；社区能否参与旅游决策；旅游业是否可以增进对优良文化传统的保护。

（2）旅游经济标准：旅游业经济能否实现持续增长，不断为地方经济注入新的发展资金。

（3）环境保护标准：旅游业能否对自然环境的保护和管理给予资金支持，促进对自然和文化资源的保护；旅游业的发展能否促使旅游者和当地居民对自然环境保护持支持态度。

9）可持续旅游战略的实施

强调强有力的政府政策引导是实施可持续旅游战略的重要手段。政府政策引导包括：制定旅游环境管理法规，将可持续旅游纳入法制化管理；政府通过税收、价格、金融等政策引导旅游业向可持续方向发展；由政府制定旅游业发展规划，并监督执行，保障旅游业有序发展；旅游业起步阶段，基础设施的建设由政府主持实施等。

可持续旅游——政府的职责。在《旅游业21世纪议程》中，对政府在实施可持续旅游战略中的职责作出明确规定，主要包括：评估现有的政策、法规和旅游经济体系实现可持续旅游的能力，修改或制定新的与可持续旅游目标相适应的政策法规。评估旅游活动的经济、社会、文化和环境影响，控制不良影响的产生。培训、教育和提高公众的环境意识和旅游道德感。制定规划原则、组织社会参与可持续旅游规划，监督规划的实施。组织开展可持续旅游的信息、技术交流。推荐新的具有可持续旅游特性的新旅游产品。

可持续旅游——旅游经营者的责任。旅游经营者是可持续旅游战略的具体实施者，政府制定的可持续旅游政策主要针对旅游经营者。在《旅游21世纪议程》中，旅游经营者在实施可持续旅游战略中的职责范围是：使资源投入量最小，产品数量最大，废弃物排放量最低。减少能源的利用，降低潜在的具有破坏性的大气排放物。保护水资源质量，高效而公平地利用现有资源。将废水排放量减少到最低程度，以保护水环境、动植物和洁净水资源的质量。用对环境无害的产品来代替可能危害环境的产品。

10）可持续旅游评判—协调度模型

表述旅游环境质量水平变化与旅游经济增长之间的协调关系，判断旅游经济增长是否以牺牲环境质量为代价，判断模型为：

$$C = \left\{ \frac{f(X) \times g(Y)}{\left[\frac{f(X) + g(Y)}{2}\right]^2} \right\}^k$$

C=向旅游环境排放污染物的增长率/旅游经济增长率。

$C>1$，环境质量下降速度大于旅游经济增长速度，为高度不协调发展型。

$C=1$，旅游经济增长以牺牲环境质量为代价，为不协调发展型。

$0<C<1$，旅游经济增长速度快于环境质量下降速度，为低度不协调发展型。

$C=0$，旅游经济增长不造成环境质量下降，为基本协调发展型。

$C<0$，旅游经济持续增长伴随环境质量改善，为可持续发展型。

二 生态旅游概念

1. 生态旅游概念的产生：源于绿色旅游

生态旅游概念产生于20世纪60年代，最初源于绿色旅游或自然旅游，指的是以自然环境为基础的旅游，是一种旅游产品。后来，世界自然保护联盟将生态旅游从产品的概念延伸到开发的理念，表述了生态旅游的两个基本特点：生态旅游的对象是自然生态环境；生态旅游方式是不对自然生态环境造成破坏。

生态旅游概念的延伸：可持续发展目标。20世纪80年代中后期，随着可持续旅游发展观念的形成，生态旅游概念逐步取代了绿色和自然旅游，并融入新的发展观，认为生态旅游是在自然旅游资源的开发和利用方面达到可持续旅游目标的有效手段和途径。

2002年世界生态旅游峰会再次研讨了生态旅游的定义和发展，提出关于发展生态旅游的声明。生态旅游不仅被定义为一种适应市场机制的、以自然为基础的旅游，它还是国家政府机构用来实现可持续发展战略的一种有效工具。

2. 生态旅游概念的形成

1）雏形的形成

1965年黑策（Hetzer）在反思当时文化、社会和旅游的基础上提出了"生态性旅游"（ecological tourism）的发展思路——生态旅游的雏形由此产生。但同期也存在与其相关的词汇，包括"自然旅游（nature tourism）、绿色旅游（green tourism）、替代性旅游（alternative tourism）、生态旅行（ecotour）"等。

2）概念的提出

"生态旅游"（ecotourism）一词是由世界自然保护联盟（IUCN）生态旅游特别顾问Ceballos-Lascuráin于1983年首先提出，指"所有观览自然景物的旅行，且强调被观览的景物不应该受到的损失"。1986年在墨西哥召开的国际环境会议上该概念被正式确认，并得到世界各国重视。从此，生态旅游在世界范围内被广泛研究和实践。

3. 生态旅游的基本内涵

生态旅游是一种以自然环境为资源基础的旅游活动。

生态旅游是以可持续发展为目标的旅游开发方式。

生态旅游分为三个范畴：以可持续发展为目标；市场和消费行为的生态化；行为规范的生态化。

定向于持续发展目标的生态旅游：把生态旅游看做一种新型旅游发展模式，将旅游发展与社区发展、环境保护紧密结合，认为只有同时具有保护资源和促进社区经济发展功能的旅游才是生态旅游。

定向于市场和消费行为的生态旅游：将生态旅游作为一种旅游产品向市场推销。这种旅游方式向旅游者提供没有或很少受到干扰和破坏的自然和文化旅游环境。西方国家旅行社经营的自然旅游、文化旅游、科学旅游、探险旅游都属于生态旅游类型。生态旅游的观点认为这种类型的旅游活动相对一般旅游活动对环境的影响较小，并可以增强旅游者的环境意识。

定向于行为规范的生态旅游：强调旅游者和当地居民的行为规范和环境价值观。通过旅游活动和旅游教育使旅游者和当地居民建立环境保护和环境道德观，尊重地方文化传统。

4. 生态旅游的定义

对"生态旅游"定义的理解，国内外学者、业界人士至今还没有统一的定论，各种表述各不相同，各类观点众说纷纭。这一现象，既有对其认识和理解不断深化的因素，也有学者和业界人士各取所需、各有侧重的原因。下面给出具广泛影响力和代表性的几个定义：

1）国际生态旅游学会（Ecotourism Society）

1992年其将生态旅游界定为"为了解当地环境的文化与自然历史知识，有目的地到自然区域所做的旅游，这种旅游活动的开展在尽量不改变生态系统完整的同时，创造经济发展机会，让自然资源的保护在财政上使当地居民受益"。

2)《国际生态旅游标准》（"绿色环球21"，Green Globe21）

其对生态旅游的定义作出如下描述："着重通过体验大自然来培养人们对环境和文化的理解、欣赏和保护，从而达到生态上可持续的旅游"。该定义强调生态的可持续性，强调以体验大自然为核心，强调必须实现其增进人们对环境和文化的理解、欣赏和保护。

3)《国家生态旅游示范区管理暂行办法》

将生态旅游定义为:"以吸收自然和文化知识为取向,尽量减少对生态环境的不利影响,确保旅游资源的可持续利用,将生态环境保护与公众教育同促进地方经济社会发展有机结合的旅游活动。"

综合多种定义,生态旅游应该包括如下几方面内涵:旅游对象是自然区域,以及与当地自然环境相和谐的文化;旅游者的行为不对或尽量少的对生态环境造成危害;强调社区参与,保护社区利益;具有生态环境的教育功能。

5. 理想的生态旅游系统

旅游者对所游览地区具有保护意识;

当地居民在发展旅游业中充分考虑环境和文化保护的需求;

采用一个有当地居民参与的长期规划战略,减少旅游业带来的负面影响;

培育一个有利于当地社会发展的经济体系。

6. 实施生态旅游的途径

在自然保护区或自然景观区发展低密度、小规模、容量控制性的旅游。

旅游收入的全部或部分用于支付环境保护和管理费用,以求最大限度地保护自然保护区的生态环境。

三 生态旅游的发展

1. 生态旅游的发展历程

自生态旅游雏形的形成,至1983年生态旅游概念的首次提出,再到目前生态旅游的全面发展，生态旅游主要经历了兴起发育、快速成长和蓬勃发展三个阶段：

1）兴起发育期（20世纪80年代）

"生态旅游"的概念一经正式提出和确认，即得到了旅游界和自然保护界的认同。旅游业者开始认识到生态旅游的效益，开始建设生态旅馆，提供导游服务，组织生态旅游活动。一些欠发达国家也意识到了生态旅游在保护与开发有效结合，旅游需求与社区发展有效结合中的重要作用，开始将生态旅游确定为实现保护和发展目标的手段。

我国生态旅游也是在此时兴起，1982年国务院批准建立了第一批国家风景名胜区，建立了第一个国家森林公园。虽对生态旅游概念还较为陌生，但已认识到了要将旅游开发和生态环境保护有机结合。该阶段生态旅游理念刚刚兴起，运作规律仍在不断完善，旅游收入中对当地保护的投资也不多。

2）快速成长期（20世纪90年代）

生态旅游实践在一些国家（如哥斯达黎加、厄瓜多尔等）取得成功，介入生态旅游实践和探索的部门、组织、学者、企业和社区越来越多。人们对生态旅游认识逐步深入，概念不断清晰和完善，各种规则和框架不断建立。生态旅游协会（TES）于1991年在美国成立，后更名为国际生态旅游协会（TIES），至2000年已有110多个国家、35个专业领域的1600多名会员。

生态旅游在我国也得到了普遍重视。1994年"中国首届生态旅游研讨会"召开，并成立了中国旅游协会生态旅游专业委员会。国家旅游局于1999年推出"生态环境游"，包括观鸟、野生动物旅游、沙漠探险、保护环境等11类专项生态旅游产品。"中国生态旅游与景观生态学学术研讨会"、"生态旅游规划与管理研讨会"等系列会议的召开全面推动了生态旅游在我国的广泛影响和快速成长。

3）蓬勃发展期（21世纪以来）

2002年被确定为"国际生态旅游年"，同年联合国环境规划署和世界旅游组织发起了世界生态旅游峰会，生态旅游在新世纪受到了更广泛的关注。世界生态旅游峰会有132个国家的一千多名代表出席，会议发表了《魁北克生态旅游宣言》。该峰会的召开，标志着生态旅游进入了全面蓬勃发展的崭新阶段。

2002年11月"中国生态旅游论坛"在北京举行，表明国家对生态旅游发展的高度重视，生态旅游正在成为21世纪的旅游主题。2009年1月1日，"2009中国生态旅游年"拉开帷幕，并将主题年口号确定为"走进绿色旅游、感受生态文明"。在日益增长的生态旅游需求带动下，我国生态旅游也得到了蓬勃发展。

2. 生态旅游的发展现状

1) 多样的生态旅游空间地域

19世纪末美国国家公园系统的创立，实现了国家公园与旅游活动的结合。世界许多保护区以美国国家公园系统为典范，形成了多样的生态旅游空间地域。依托海洋、山地、沙漠、草原、动植物等资源，自然遗产地、生物圈保护区、重要湿地、地质公园等区域成为重要的生态旅游活动空间。我国目前共有7处世界自然遗产、4处世界自然和文化遗产，22处世界地质公园，100多处国家地质公园，300多处国家自然保护区，600多处国家森林公园，100多处国家风景名胜区，加之省级、市级的自然保护地域，构成了我国多样的生态旅游空间地域。

2) 巨大的生态旅游市场份额

生态旅游占据旅游市场巨大份额，一直受到高度关注。世界旅游组织（WTO）1997年12月以"生态旅游：五分之一的市场"为题，估计生态旅游占整个旅游业的市场份额已经达到20%。澳大利亚的生态旅游已形成年产值1亿澳元的产业规模；日本的出游旅游者中，每年有20%~40%的游客从事探险和生态旅游活动。国际生态旅游协会（1998）认为40%~60%的国际旅游者是自然旅游者，其中20%~40%的自然旅游者是野生动植物观赏的旅游者。

3) 迅猛的生态旅游发展速度

生态旅游目前是旅游业中最为活跃的形式之一，在旅游市场上是增长最快的部门。根据世界旅游组织的预测，不仅生态旅游人次总量会有长足增长，生态旅游人次的比重也会大大增加。据世界资源研究所（WRI）估算，20世纪90年代初整个旅游业年增长率为4%，而自然旅游的年增长率为10%~30%。詹纳和史密斯曾经估计，1980年全球生态旅游业共创造价值40亿美元，1985年增至50亿美元，到1989年达100亿美元，并预测1995年生态旅游创造的价值将增至250亿美元，到2000年将达500亿美元。显然生态旅游正在世界范围内不断发展壮大。

3. 生态旅游在中国的发展及其误区

从1995年开始生态旅游概念被引入中国。1995年，中国旅游协会生态旅游专业委员会召开了第一次中国生态旅游研讨会。

联合国教科文组织对中国发展生态旅游给予很大的支持，资助了多项中国自然保护区生态旅游研究项目，如珠峰生态旅游项目。

国家旅游局将1999年定为"生态旅游年"，生态旅游成为被广为倡导的旅游形式。

对生态旅游认识的误区：生态旅游在操作过程中得到许多地区的积极响应，纷纷提出发展生态旅游产品。但是，在实际操作中，在旅游管理和经营层面对生态旅游的认识存在明显的误解，将发展生态旅游简单地看做是对自然环境旅游资源的开发利用，忽视资源开发中的可持续利用问题，这种旅游开发不是真正意义上的生态旅游。

四 生态旅游开发模式

1. 生态旅游目标

生态旅游具有特定的社会目标、经济目标和环境目标。

生态旅游实现经济目标的前提是首先要保证社会目标和环境目标的实现。

一般旅游模式则是以经济目标为首要目标，而将社会目标和环境目标放在实现经济目标以后，是兼顾的目标。

2. 生态旅游三个基本模式

不同的社会经济条件，不同的文化背景下，发展生态旅游的模式不同，基本模式包括：

1）社区参与

当地社区能否从自然保护中获得经济利益与当地社区居民对保护区的资源和环境保护的态度密切相关。特别是位于落后和贫困地区的自然保护区，只有将自然保护与促进当地社会经济发展，提高居民生活水平紧密结合，当地居民由于既得利益而参与自然保护行动，自然保护才能得到当地社区的积极支持与协助，社区参与自然保护行动，实现可持续发展。

生态旅游规划以社区为导向，提供机会鼓励社区参与旅游项目的实施，增加社区就业机会。旅游收入用于改善社区用水、用电、医疗等基础设施。旅游设施建设提倡使用本地产品，采用本地建筑风格，扩大当地产品的销售市场。

中国旅游业发展中，很多地区忽视当地社区的持久发展利益，只重视短期利益，这是旅游业发展中的一个突出问题。

2）环境教育

将提高当地社区和旅游者的自然生态环境保护意识作为生态旅游的主要目标，旅游与环境科普结合。

在规划设计中，强调各种旅游项目有利于防止可能导致的环境破坏问题的出现。

3）生态环境补偿

通过发展生态旅游，将部分旅游收入返还，用于旅游区的生态恢复或保护，旅游经营单位通过缴纳一定的环境消耗补偿费，解决环境保护经费不足问题。

这一发展模式在西方发达国家已经得到很好的实施，但是在中国距离真正的实施还有一定的距离。

3. 生态旅游开发方式

生态旅游开发模式将自然环境和历史人文环境的保护作为旅游开发的基本前提，在规划上采取有控制、有选择的开发模式，限制旅游业发展规模，具体措施包括：限制游客人数—客流容量控制；控制旅游设施的建设规模—建设容量控制；保持和维护自然和地方文化生态系统的完整性—建立文化保护区。

4. 生态旅游发展面临的难题

早期，生态旅游是作为一种旅游产品推向市场的，到了20世纪90年代初，可持续旅游的概念提出后，生态旅游被认为是实现可持续旅游的基本手段和途径。世界各国将可持续旅游的基本原则运用于生态旅游开发中，在旅游开发中突出强调对生态环境和特色文化的保护，并以可持续发展的标准来评价生态旅游所产生的社会、经济、环境和文化影响。但是在实际中存在着一系列矛盾和冲突。

1）环境保护与经济效益的矛盾

现代旅游业是一个以获得经济利益为第一目标的经济行业。

旅游业的经济收入在不发达国家和低收入地区经济中常占有更为重要的地位。

由于经济和历史原因，旅游业发展不同程度地以牺牲环境为代价，尤其是发展中国家旅游业发展面临比西方发达国家更为严重的环境问题。

2）理想与现实的矛盾

由于保护的需要，要限制旅游区进入人数，使游客人数限定在环境容量之内。人数的限制将减少旅游收入。在环境容量很小的环境脆弱区，如果环境容量小于旅游业的门槛人口，旅游业必将亏损。

生态旅游概念将生态旅游定义为重视当地居民参与的旅游，这种旅游模式可以增强当地居民保护旅游资源的自觉意识，减少环境破坏，但在投资能力很低的落后地区，如果限制外资进入，将很难达到发展目标和速度。

如果依靠外来资金发展，旅游业一般以高收入人群为市场目标。这种旅游业对当地经济的相关性很小，各种物质需求常从区域以外输入，高级管理人员来自区域以外，所获利益的大部分又返回投资国，当地人只能受雇从事低级的简单劳动。

3）矛盾冲突的结果

如果旅游发展与当地居民生活水平的提高没有直接关系，必将引起对旅游资源保护和利用方面的冲突，带来负面的社会心理影响（如非洲国家，我国的部分地区）。这类问题在一些以自然旅游资源为主的发展中国家十分突出。而在以传统文化为旅游吸引的地区，旅游业与传统文化的保护之间的矛盾更为突出。

4）解决矛盾的途径：建立合理的平衡关系

基于上述问题，如何在贫困地区启动以持续发展为目标的生态旅游是一个值得关注的问题。

要达到持续发展的目标，所采用的旅游模式必须权衡发展与保护之间的利益关系。

不能以牺牲环境换取暂时的发展，也不能以保护环境排斥发展。保护环境，达到永续利用是手段，发展是最终目标。

五、生态旅游规划原则和方法

1. 规划理念

1）传统规划理念

在传统旅游规划中，旅游业被当做一项纯粹的经济产业来进行规划，注重投资成本与投资效益的分析，强调市场分析，旅游产品与旅游服务以市场为导向。

旅游业的发展目标与旅游环境保护以及社会发展目标相互分离，实现经济利益的最大化是旅游规划的根本目标。

2）与传统规划的区别

体现可持续思想是生态旅游规划的基本理念。

与传统旅游规划相比，生态旅游规划强调旅游业要与旅游环境保护、社会发展紧密结合，将社区生活质量的提高、环境的改善作为规划的总体目标，实现均衡发展。

生态旅游规划不是单纯的经济发展规划，不仅具有明确的经济目标，而且具有明确的社会目标和环境目标，旅游业发展必须成为有益于当地社区协调发展的行业。

3）目标选择

生态旅游强调在旅游业发展过程中建立和发展与自然及社会环境的正相关关系，减少或消除负相关关系。

但是旅游业经济利益与环境保护和传统文化保护需求之间的矛盾是客观存在的和不可避免的，旅游规划需要在社会、经济和环境问题方面作出抉择，确定最佳方案。

2. 生态旅游规划要点

最初的旅游规划是将旅游作为一种旅游产品进行规划，以经济发展为目标，以市场为导向，注重经济利益的最大化。

生态旅游规划倡导将旅游业与社区发展和旅游环境保护紧密结合，将社区发展和旅游环境保护作为旅游规划的核心目标，寻求经济、社会、文化和生态之间的平衡。

3. 生态旅游规划原则

保护优先原则：旅游规划将环境保护置于优先地位；

容量限制原则：控制游客规模和旅游建设规模；

分区规划原则：实施分区式的规划，对重点区域采取限制性开发；

环境管理原则：实施严格的环境管理和监控；

法律保障原则：对重要生态旅游区的开发建设制定法律法规。

4. 规划方法

1）强调崇尚自然

不对原有自然环境进行大规模改造，尽量保留原有自然风貌。

旅游活动设计要将旅游对环境的影响降到最低程度，以自然体验为主。

2）各种建设项目具有较低的资源消耗

游览道路以步行道为主。

减少能源消耗，采用清洁能源。

不发展大耗水量的旅游项目，减少水资源的浪费和污染。

3）生态旅游充分重视科普和环境教育

设定专有的场馆对旅游区的自然和环境特点进行科学解释。

目标市场和旅游活动具有很强的选择性和限定性，以专业性参观或对环境影响较小的特种旅游为主。

4）高素质的导游和科普性导游词

导游经过专门培训，对所处地区的生态系统特点有一定的了解，具有生态环境保护的专门知识。

生态旅游区所采用的旅游模式包括探险旅游、步行旅游、科考旅游、自助旅游等。

5）生态旅游区规划的特定内容

宣传和普及自然保护知识的自然博物馆，用于向游人介绍保护区的自然特征、科学规律、保护常识和旅游应注意的事项；

设立了解保护区动植物特征的野外观察站和观察设备，如观鸟点和观察望远镜等；

提供专业性导游和专门的科普宣传品；

设定严格的参观路线，沿线设置讲解牌。

六 国内外生态旅游研究进展

1. 国外生态旅游研究进展

国外生态旅游产生于20世纪80年代,到90年代初,它已经成为大家所关注的焦点。时至今日,生态旅游已经发展成为国际旅游业发展最快、最重要的部分。国际社会、各国和各地区政府、科研机构及旅游从业人员等,在生态旅游的理论研究和实际工作中,做了大量有益的工作,主要取得了以下三方面的成就:

1)生态旅游的发展战略的制定

20世纪90年代,很多国家政府都开始制定和实施本国的生态旅游及可持续发展的国家战略,将生态旅游的基本原则运用于本国旅游开发中。这一措施有助于保护自然资源和减小对环境的负面影响,因此它在生态旅游的可持续发展的实践中起了主要作用。如菲律宾等国家已开始制定生态旅游法规以保护旅游区的脆弱的生态系统(Gabor,1997)。无独有偶,澳大利亚联邦政府在1994年制定了国家生态旅游战略,旨在为生态旅游的规划、发展和管理制定全面的政策体系,从而促进自然区的可持续旅游的发展(Evans-smith,1994:4)。澳大利亚的一些州也制定了自己的生态旅游或以自然为基础的旅游的发展战略[1]。1998年在墨西哥召开的国际环境保护会议上,墨西哥政府也确定将生态旅游作为本国的发展战略[2]。

2)生态旅游学术研讨会的召开

20世纪90年代以来,有关生态旅游的会议接二连三,而涉及生态旅游的专业

---

[1] Stephen Wearing, John Neil. Ecotourism: impacts, potentials and possibilities[M]. Butterworth-Heinemann, Oxford, 1999.
[2] 陈忠晓,王仰麟,刘忠伟. 近十几年来国内外生态旅游研究进展[J]. 地球科学进展,2001,16(4):556-562.

研讨会、报告会，也相继举行。2002年2月11日~13日，世界旅游组织在马尔代夫召开了"亚太地区生态旅游可持续发展部长级会议"，来自亚太地区20多个国家和世界组织的近百名代表聚集在一起，共同对亚太地区生态旅游可持续发展进行了交流和研讨；2002年5月，来自全世界132个国家的公有、私有及非政府部门的1000多名代表聚集加拿大魁北克，出席了根据联合国2002年"国际生态旅游年"的活动计划，由联合国环境署和世界旅游组织发起的世界生态旅游峰会，会上发布了《魁北克生态旅游宣言》，对各国政府、私营部门、国际机构、非政府机构、学术机构和地方社区组织等开展生态旅游提出了具体的建议。

3）生态旅游文献的发表

国外尤其是旅游发达国家和地区，对生态旅游的研究已达到相当高的水平，出版和发表的著作和文章也相当多。国外在生态旅游研究方面所做的工作，归纳起来主要有以下几个方面：生态旅游的概念和内涵；生态旅游开发、规划及管理的理论及方法；生态旅游与环境保护及可持续发展间的关系；生态旅游者行为分析。笔者下面着重讨论国外关于上述几方面的研究。

（1）生态旅游概念及内涵

对生态旅游概念的界定直接影响着生态旅游基础理论体系的构建，从而影响了生态旅游产品的开发、市场营销及生态旅游区管理等一系列后续活动。因此在生态旅游发展初期，生态旅游的概念及内涵就成为众多学者探讨的焦点。生态旅游的概念源于自然旅游，1987年，世界自然保护联盟特别顾问Ceballos-Lascurain提出了最初的生态旅游定义[1]：生态旅游是以自然环境为主要中心的一种旅游形式。生态旅游以自然为中心包括两方面的含义：首先它是指到未被破坏的自然环境去旅游，并且这种旅游的主要目的是游览自然环境。到20世纪80年代中后期，随着旅游环境意识的加强和可持续发展观念的形成，生态旅游概念逐步取代了绿色和自然旅游，并融入新的发展观[2]。生态旅游的定义表述众多，但到目前为止，还没有形成大家所公认的标准定义。纵观国外各家学者关于生态旅游的观点，可看出其定义及内涵

---

[1] Stephen Wearing, John Neil. Ecotourism: impacts, potentials and possibilities[M]. Butterworth-Heinemann, Oxford, 1999.
[2] 牛亚菲. 可持续旅游、生态旅游及实施方案[J]. 地理研究, 1999, 18（2）: 179-184.

大多包括以下三方面：① 认为生态旅游地应具有以下六个特性：生态系统的完整性、自然环境的原始性、地域的边远性、较差的可进入性、文化的独特性及社区的传统性。正是这些地点特性，成为小规模、教育型生态旅游与大众化的、大规模、观光型自然旅游的分水岭[1]。② 关于生态旅游的目的：认为生态旅游是去生态旅游地学习、欣赏、参与、研究当地的自然和文化景观，是"关心一个地区的动物、植物、地质和生态系统，还有居住在附近的居民及他们的需求、文化和他们与土地的关系"（Swanson，1992，2）。③生态旅游强调环境保护和社会的可持续发展。生态旅游是一种负责任的旅游方式，要求对自然环境、社会环境、文化环境产生的影响最小，同时为当地居民提供积极的社会参与，并通过其经济收益或外来援助为生态旅游地的可持续发展做出贡献[2]。

近些年来，关于生态旅游概念、内涵的认识已渐趋一致，更多的学者开始关注如何将生态旅游的理论运用于旅游开发实践中。因此关于生态旅游的开发与管理实践及生态旅游评价的案例研究日趋增多。

（2）生态旅游的开发与管理

近些年随着生态旅游热的出现，产生了很多负面影响。生态旅游的负面影响主要是由于缺乏有效的管理和规划造成的。如果没有合理的控制，随着生态旅游的发展，生态环境退化的问题将进一步恶化（Mieczkowski，1995）。而有效的控制则极大地促进了生态旅游的可持续发展的可能。因此必须制定和实施适当的管理战略以保证生态旅游的未来发展与可持续发展的原则相一致[3]。

20世纪90年代以来，由于很多国家政府都开始制定和实施本国的生态旅游及可持续发展的国家战略，将生态旅游的基本原则运用于本国旅游开发实践中，因此涌现了一批介绍各国生态旅游发展状况并探讨政府及当地管理部门在生态旅游中的作用的文章。Barbara Jones、Tanya Tear（1996）[4]介绍了澳大利亚国家生态旅游战略，它是一整套相互关联和互相补充的生态旅游举措，包括国家生态旅游计

---

[1] 王家骏. "生态旅游"概念探微[N]. 江南大学学报（人文社会科学版），2002.，1(1)：52-56.
[2] 同上。
[3] Stephen Wearing, John Neil. Ecotourism: impacts, potentials and possibilities[M]. Butterworth-Heinemann, Oxford, 1999.
[4] Barbara Jones, Tanya Tear. 澳大利亚国家生态旅游战略[J]. 产业与环境，1996, 18(1)：55-57.

划、地区生态旅游规划与目的地管理等,这一战略总体上将减少生态旅游可持续发展的障碍,并有助于使其经济效益和就业效益遍及整个澳大利亚地区,他们还将对环境保护与管理做出重大贡献。Stephen Wearing、John Neil(1999)[1]以澳大利亚和不丹为案例研究了政府在生态旅游管理和规划中的重要作用,认为在提供诸如生态旅游保护区的司法、立法保护等长期的规划和管理方面,在提供一个全面的、和谐的、长期不变的并能强制实施的生态旅游标准方面,政府的作用是独一无二的。DavidParra-Bozzano、刘岩(2002)[2]总结过去33年加拉帕戈斯群岛的规划结构和旅游的发展。该群岛是为游客管理设立的政策和运作系统的全球性参照,因为它每年都接待大量的游客。文中讨论了私营部门在参与旅游管理规划中的作用、限制参观方面的复杂形势以及为当地居民的发展设想的方案。HéctorCeballos-Lascuráin、徐鹏(2002)[3]重点介绍了哥斯达黎加、南非、伯利兹和其他国家的生态旅游,揭示了各国在生态旅游开发进程和结果方面所存在的巨大差异,同时提供了生物多样性保护规划和旅游规划之间互动的非常有价值的信息。

此外,很多学者在多年的生态旅游开发规划实践的基础上提出了生态旅游开发、规划、管理的理论及方法。Ziffer(1989)[4]认为:生态旅游开发包括5个重要因素:完整的步骤、旅游规划和缓慢的开始、当地利益最大化、教育和培训、评价和反馈。这5个因素保证了生态旅游目标的最终实施。在此基础上,B.A.Masberg和N.Morale(1999)[5]通过一系列案例分析选取了这5个因素下的24个策略,并考察了这些策略在生态旅游案例中的实施情况,通过考察得到结论:在生态旅游开发中,评价和反馈因素的策略实施得最不彻底,而这将给生态系统带来潜在的威胁。David A. Fennell、David B. Weaver(1997)[6]通过对加拿大萨斯喀彻温省度假

---

[1] Stephen Wearing, John Neil. Ecotourism: impacts, potentials and possibilities[M]. Butterworth-Heinemann, Oxford, 1999.

[2] DavidParra-Bozzano, 刘岩. 加拉帕戈斯群岛:生态旅游与环境保护[J]. 产业与环境, 2002, 24(3-4): 30-31.

[3] HéctorCeballos-Lascuráin, 徐鹏. 生物多样性保护规划与旅游一体化[J]. 产业与环境, 2002, 24(3-4): 38-41.

[4] Ziffer, K. A. Ecotourism: The Uneasy Alliance[M], Ernst&Young, Washington, DC Conservation International, 1989.

[5] B. A. Masberg, N. Morales. A case analysis of stragies in ecotourism development[J]. Aquatic Ecosystem Health and Management, 1999(2): 289-300.

[6] David A. Fennell and David B. Weaver. Vacation farms and ecotourism in Saskatchewan, Canada[J]. Journal of Rural Studies, 1997, 13(4): 467-475.

农场的问卷调查考察了度假农场的生态旅游方式。通过调查发现：生态旅游者在度假农场中最喜爱的生态旅游方式依次是：野生动植物观察、狩猎、快速摄影及旅行。野生动植物观察主要在春夏两季，以步行为主。此外还发现，被调查的度假农场的经营者非常缺乏生态旅游方面的培训。最后作者提出了几点建议，包括提供更多的培训机会，加强农场和外界的联系，进一步调查野生动植物观察与狩猎之间的联系等。Ercan Sirakaya（1997）[1]提出并检验了反映生态旅游经营者对生态旅游指导方针的执行情况的概念体系，认为该执行情况是关于生态旅游经营者多个内在外在因素的函数，这些因素包括生态旅游经营者的社会和经济基础类型、性别、道德责任感以及从生态旅游中获取的收入。作者还对如何加强旅游经营者对生态旅游指导方针的执行程度提出了若干建议，认为关键措施在于对经营者的教育及增强其道德意识。澳大利亚昆士兰大学建筑系主任、建筑与规划学院院长Michael Keniger（1998）[2]介绍了可持续设计的含义，探索了在可持续生态旅游设计中对以下要素的设计原则：旅游点的选址及交通问题，规模及形态设施，原材料的选择，能源，供水及排水，景观处理，结构及施工的设计问题。Stephen Wearing、John Neil（1999）[3]则以厄瓜多尔加拉帕戈斯群岛为案例探讨了控制旅游者人数对于生态旅游发展的重要性并阐述了自然保护区的保护和可持续资源的管理对于生态旅游的规划、管理的重要性。

生态旅游的功能分区是生态旅游开发实践中的重要内容。L.B.W.Nieuwkamp总结了生态旅游功能分区的重要性：一是能使生态旅游得到优化利用，并保护了自然资源；二是便于管理人员根据游客的需要对其加以分流。并用图表示了生态旅游功能分区模式的可行性。景观设计师R.Forester倡导同心圆式的利用模式，将国家公园从里到外分成核心保护区、游憩缓冲区和密集游憩区。这个分区模式得到了世界自然保护联盟的认可。C.A.Gunn提出了国家公园旅游分区模式，将公园分成重点资源保护区、低利用荒野区、分散游憩区、密集游憩区和服务社区。加拿大国家公园的生态旅游功能分区模式是：NE自然环境区（Natural Environment）、IR集中

---

[1] Ercan Sirakaya. Attitudinal compliance with ecotourism guidelines[J]. Annals of Tourism Research, 1997, 24（4）: 919-950.
[2] Michael Keniger. 可持续发展的生态旅游规划[J]. 世界环境, 1998（4）: 44-45.
[3] Stephen Wearing, John Neil. Ecotourism: impacts, potentials and possibilities[M]. Butterworth-Heinemann, Oxford, 1999.

游憩区（Intensive Recreation）、WR野生旅憩区（Wildness Recreation）、WC野生保护区（Wildness Conservation）[①]。

（3）生态旅游与环境保护及可持续发展间的关系

对生态旅游来说，由于过度拥挤，过分发展，未受到管理的娱乐的发展，污染，对野生动物的干扰和交通工具的使用而造成的对环境的影响将比大众旅游更为严重（Mieczkowski，1995）。这是因为与大众旅游相比，生态旅游更依赖于完整的自然环境，更集中于生态敏感区。因此很多学者投入到了对生态旅游与环境保护及可持续发展间的关系的研究中。

在生态旅游对自然环境的影响的研究中，生态旅游与生物多样性保护成为了研究热点。Joseph Obua（1997）[②]通过考察乌干达Kibale国家公园生态旅游对植被造成的影响对保护区生态旅游开发提出了几点建议：应在保护区的生态信息的基础上对保护区的潜力进行早期评价并充分认识到包括植被迁移在内的野营地的开发是造成保护区内木本植物消失、植被种类减少的主要原因；由于娱乐和生态旅游发展的需要，在开发野营地进行植被迁移时要同样考虑到植被对生态保护的重要性；应对保护区的木本植被进行定期监测以鉴别由于人类活动可能带来的外来物种，这些物种可能最终改变本地的生态系统的结构和功能。Stefan Gössling（1999）[③]认为，目前在发展中国家，生态旅游有助于保护生物多样性和生态系统。作者对热带雨林等生物多样性最丰富的地区进行成本效益分析，并引进了环境损害成本的概念，从而分析了生态旅游的环境价值及对环境的影响。作者还分析了国际旅游发展对生物多样性保护的影响，并提出：对生态敏感区的生态旅游必须受到限制；教育、管理及控制措施必须一体化；在生态旅游所得的经济收入中应提高其用于生物多样性保护的资金比例。总之，旅游需向可持续方面转变。Mario Duchesne、Steeve D. Côté和Cyrille Barrette（2000）[④]考察了生态旅游对加拿大Charlevoix生物圈保护区

---

① 刘家明. 生态旅游及其规划的研究进展[N]. 应用生态学报，1998，9（3）：327-331.
② Joseph Obua. The Potential, Development and Ecological Impact of Ecotourism in Kibale National Park, Uganda[J]. Journal of Environmental Management, 1997, 50（1）: 27-38.
③ Stefan Gössling. Ecotourism: a means to safeguard biodiversity and ecosystem functions[J]. Ecological Economics, 1999, 29（2）: 303-320.
④ Mario Duchesne, Steeve D. Côté and Cyrille Barrette. Responses of woodland caribou to winter ecotourism in the Charlevoix Biosphere Reserve, Canada[J]. Biological Conservation, 2000, 96（3）: 311-317.

Rangifer tarandus驯鹿习性的改变。他们将生态旅游开展前后驯鹿习性进行比较发现：生态旅游活动使驯鹿休息和吃草时间减少，警醒和站立时间增长。随着冬天的来临，生态旅游造成的影响减小。并且得出结论：只要防范措施得当，驯鹿能够接受生态旅游者的参观。AnnaTiraa、IanKarikaWilmott、臧蕾（2002）[1]介绍了南太平洋库克群岛塔基图穆保护区的情况。塔基图穆保护区的创建目标是为了当前和未来生产者的利益而对生物多样性实施保护。只有当地人民对其土地和资源拥有所有权。生态旅游将成为该保护区的主要经济活动。在土地所有者同意和支持下，一个有指导的"大自然漫步"已经组织起来。文章介绍了保护区计划的由来、保护区的规划和管理现状、可持续创收活动、利润分配、应汲取的教训、Kakerori拯救计划及大自然漫步计划，最后说明了保护区目前所面临的问题。M. Al-Sayed、A. Al-langawi（2003）[2]论述了对生物多样性进行保护的生态旅游技术：生态系统的鉴定、野生生物资源的鉴定、保护和复原的环境可行性分析等及其应用，并详细阐述了其在科威特社会环境条件下的有效性。

生态旅游除了有利于保护旅游区的自然资源和环境外，还应有利于当地社会的可持续发展，通过建立并加强旅游产业和当地社会间的联系，在当地社会及旅游者中形成对自然保护的支持。Stephen Wearing、John Neil（1999）[3]探讨了生态旅游与当地社会的联系，认为将本地人纳入旅游管理中，或至少将旅游收入的一部分交回到当地人手中可以为在规章制度下进行管理提供直接的刺激，从而促使规划由短期的被动反应向长期的主动反应的转变，以取得更好的社会和环境效益。Sven Wunder（2000）[4]利用厄瓜多尔亚马逊河流域Cuyabeno野生动植物保护区的数据对生态旅游、当地经济利益及环境保护间的关系进行了经验性的分析。作者分析了当地收入的结构、花费及旅游收入对当地经济发展及保护态度的影响，从而得出结论：生态旅游是当地的一个重要的收入来源；旅游地旅游资源的吸引力、

---

[1] AnnaTiraa, IanKarikaWilmott, 臧蕾. 塔基图穆保护区—库克群岛的社区所属生态旅游明星[J]. 产业与环境, 2002, 24(3-4): 42-47.
[2] M. Al-Sayed and A. Al-langawi. Biological resources conservation through ecotourism development[J]. Journal of Arid Environments, 2003, 54(1): 225-236.
[3] Stephen Wearing, John Neil. Ecotourism: impacts, potentials and possibilities[M]. Butterworth-Heinemann, Oxford, 1999.
[4] Sven Wunder. Ecotourism and economic incentives — an empirical approach[J]. Ecological Economics, 2000, 32(3): 465-479.

旅游专业化程度及当地的组织水平要比旅游参与模式对促进当地收入更具有决定意义,但旅游收入对环境保护的有效性则取决于旅游参与模式的内在结构及其他活动的可替代性。该研究对政府决策及保护和开发一体化设计(ICDPs)提供了参考。PohPohWong、徐鹏(2002)[①]考察了泰国、菲律宾、印度尼西亚、马来西亚和越南的沿海生态旅游的开发现状、面临的困境及管理办法。作者认为,在任何发展沿海生态旅游的途径中,地方经营对于当地居民将越来越重要。许多途径都是切实可行的,其中利益相关者和政府、非政府组织、私营部门和当地居民的参与至关重要。尽管发展沿海生态旅游的余地很大,但是它需要认真的规划、正确的管理、严格的指导方针和法规。V. S. Avila Foucat(2002)[②]评价了墨西哥南太平洋海滨Ventanilla基于社区的生态旅游管理项目(CBEM)的可持续性。通过1999和2000年对Ventanilla家庭的半结构化和结构化的调查,分别了解了社区的社会人口统计学特征、自然资源和服务状况,获得了政治、社会、经济、和环境方面的社区可持续发展的指标:社区凝聚力、共享利益的公正性、保护和管理的义务。Ventanilla的分析使用了可持续指标评价CBEM,从而为综合地对海滨管理进行分析提供了一种新方法。MercedesSilVa、李滨(2002)[③]集中论述了为使旅游产业更具有可持续性,在加勒比地区(例如伯利兹、博士奈尔岛、圣卢西亚、开曼群岛、古巴和委内瑞拉)所采取的一些积极措施:如搭建一个地区可持续性旅游政策框架,制定地区可持续性旅游标准和指标框架,着手实施了保护加勒比海的蓝色旗帜活动。总之,作者认为只要注意保护自然与文化资源,生态旅游就能够产生收益,在保护地和偏远农村地区更是如此。

(4)生态旅游者行为研究

除以上几方面研究以外,国外很多学者还对生态旅游中的一个容易被忽视的方面—生态旅游者行为特征进行了一定的研究,从另一个角度为旅游地的开发管理提

---

① PohPohWong,徐鹏. 东南亚沿海生态旅游的趋势[J]. 产业与环境,2002,24(3-4):20-24.
② V. S. Avila Foucat. Community-based ecotourism management moving towards sustainability[J], in Ventanilla, Oaxaca, Mexico. Ocean & Coastal Management, 2002, 45(8): 511-529.
③ MercedesSilVa,李滨. 加勒比地区的生态旅游:莫失良机[J]. 产业与环境,2002,24(3-4):16-18.

供了参考。Chris Ryan、Karen Hughes 和 Sharon Chirgwin（2000）[1]讨论了澳大利亚北部地区Fogg Dam保护区旅游者的态度和行为。根据调查结果及旅游者行为分析，作者认为该区生态旅游者的目的在于获得一种情感体验而非认知体验。这种体验主要是一种视觉体验，旅游者关心的主要是景观质量，因此是可选择的。Rael M. Loon、Daniel Polakow（2001）[2]利用南非Ongoye森林的数据，通过模型评估了高级宾馆、中等规模的度假小屋及露营地三类生态旅游场所的长期的经济生存能力。结果表明，旅游者对三类场所的偏好取决于其对社区、环境的关注。Robert R. Hearne、Zenia M. Salinas（2002）[3]使用选择性实验就哥斯达黎加Barva火山区的发展对国内、国外的旅游者偏好进行了调查分析。作者对参观Poás火山（为Barva火山的一个重要的竞争地）的171名哥斯达黎加游客及271名外国游客进行了调查，调查数据采用多项式回归模型进行分析。调查结果表明：旅游者偏爱的因素有：较完善的基础设施；带有观测塔和野餐地的空中缆车；更多的信息；较低的门票。与哥斯达黎加本国游客相比，外国游客显示了对能到达的、有一定限制的区域的更大的偏好。最后作者估测了国内外游客对更多信息的边际偿还意愿。选择性实验为发展中国家保护区开发的旅游者偏好研究提供了有效的分析工具。

2. 国内生态旅游的研究概况

国内对生态旅游的研究则是近十年的事情。20世纪90年代以后，中国方面在生态旅游的理论研究和实际工作中，亦做了大量有益的工作，主要取得了以下三方面的成就：

1）生态旅游研究机构的建立

1994年，中国旅游协会生态旅游专业委员会成立，对外简称"中国生态旅游

---

[1] Chris Ryan, Karen Hughes and Sharon Chirgwin. The gaze, spectacle and ecotourism[J]. Annals of Tourism Research, 2000, 27（1）: 148-163.
[2] Rael M. Loon and Daniel Polakow. Ecotourism ventures: Rags or Riches[J]. Annals of Tourism Research, 2001, 28（4）: 892-907.
[3] Robert R. Hearne and Zenia M. Salinas. The use of choice experiments in the analysis of tourist preferences for ecotourism development in Costa Rica[J]. Journal of Environmental Management, 2002, 65（2）: 153-163.

协会"（英文简称"CETA"）。生态旅游专业委员会旨在以全国旅游和生态环境研究单位为依托，通过广泛联系各级旅游管理部门、风景名胜区、自然保护区、生态试验站、森林公园，开展生态旅游的信息交流和科研活动。生态旅游专业委员会成立后，已开展了多项活动。

2）生态旅游学术研讨会的召开

1995年1月，生态旅游专业委员会在中国科学院西双版纳热带植物园召开了第一次"中国生态旅游研讨会"，首次倡导在中国开展生态旅游活动。1999年9月13~16日在昆明召开了"中国生态旅游和景观生态学学术研讨会"；1999年9月22日由国家旅游局、中国科学院等单位联合举办的"99中国生态环境旅游湖南张家界国际森林保护节"在张家界隆重举行，9月24日，国家环保总局和湖南省人民政府共同举办了"全国自然保护区及生态旅游研讨会"。为了响应联合国关于2002年"国际生态旅游年"的决定和《魁北克生态旅游宣言》的各项建议，更好地开展对生态旅游理论与实践的研究，推动具有中国特色的生态旅游健康发展，2002年11月25日~28日，由中国社会科学院主办了"2002·中国生态旅游论坛"，会上就世界和我国生态旅游发展的理论与实践进行多方对话和深入讨论，并提出了关于生态旅游可持续发展的倡议书。

3）生态旅游文献的发表

根据中国期刊网的检索分析，国内关于生态旅游的研究大致可以分为两个阶段：

第一阶段（1992年~1998年）：该时期在生态旅游方面的研究主要集中在以下几个方面：生态旅游的概念与基础理论体系；生态旅游与可持续发展及资源保护、环境保护间的关系；自然保护区生态旅游的发展；生态旅游的典型实例研究；森林生态旅游的发展及影响、其他国家生态旅游的发展及其对我国的启示。总的来说，这一时期生态旅游的研究还未成为主要的研究领域。

第二阶段（1998年~2003年）：自1998年开始，国内对生态旅游的研究明显增多，而且研究热度至今持续不衰。这一时期是生态旅游研究十分活跃的发展时期，更多的学者参与到这个领域中来。这段时期的研究特点是：研究领域进一步拓宽，研究深度进一步加深。除了对原有的研究领域的研究进一步加深以外,很多学者还对目前生态领域的研究现状、目前生态旅游中存在的问题及解决办法、生态旅游的开发与管理实践、生态旅游产生的正面和负面的影响等一系列问题都从不同角度进行了深入探讨。

将这方面的文献进一步细分,可看出我国已有的研究主要集中在以下一些领域:

(1) 关于生态旅游的研究进展的研究

刘家明(1998)[①]从生态旅游的定义分析入手,对目前国内外生态旅游的内涵、特征、功能分区及规划模式和管理的研究现状作出了评价。倪强(1999)[②]着重分析了国内关于生态旅游的产生原因及内涵、生态旅游内容等的研究,关于开展生态旅游的现状以及开发和管理方面的研究,关于开展我国自然保护区生态旅游的研究,并提出了五点研究上的不足。钟林生,肖笃宁(2000)分别阐述了生态旅游者、生态旅游资源、生态旅游业、生态旅游环境等四个要素的研究概况,重点分析了生态旅游规划与管理的研究现状,在以上基础上,总结了生态旅游研究的特点,并对研究方向作了评述。张秋菊,海鹰(2000)[③]综述了中国生态旅游研究的进展状况,指出了今后研究有待深入之处。陈忠晓,王仰麟,刘忠伟(2001)[④]对十几年来国外生态旅游研究进行了总结,并着重评述生态旅游类型划分和规划管理,接着分析了国内生态旅游研究的主要特点和发展方向,并侧重分析了生态旅游的分类和分区、生态旅游开展的利弊、生态旅游目的地的选择及其规划管理等四个方面,最后,就国内与国外理论与实践研究的差距进行了概括总结。

(2) 生态旅游的概念和基础理论体系

多年来,很多国内学者对生态旅游的概念、内涵、特点及理论基础进行了深入的探讨。

关于生态旅游的概念及内涵:国内因为对生态旅游的研究要较国外晚,因此对生态旅游概念及内涵的研究主要是在国外研究的基础上提出自己的新的看法。牛亚菲(1999)[⑤]将生态旅游的概念分为三个范畴:定向于持续发展目标的生态旅游概

[①] 刘家明. 生态旅游及其规划的研究进展[N]. 应用生态学报, 1998, 9 (3): 327-331.
[②] 倪强. 近年来国内关于生态旅游研究综述[J]. 旅游学刊, 1999 (3): 40-45.
[③] 张秋菊, 海鹰. 我国生态旅游研究进展综述[N]. 新疆师范大学学报(哲学社会科学版), 2000, 21 (3): 104-107.
[④] 陈忠晓, 王仰麟, 刘忠伟. 近十几年来国内外生态旅游研究进展[J]. 地球科学进展, 2001, 16 (4): 556-562.
[⑤] 牛亚菲. 可持续旅游、生态旅游及实施方案[J]. 地理研究, 1999, 18 (2): 179-184.

念；定向于市场和消费行为的生态旅游概念；定向于行为规范的生态旅游概念。并指出生态旅游定义应包含两个基本内容：生态旅游是一种以自然环境为资源基础的旅游活动；此外，它还是具有强烈环境保护意识的一种旅游开发方式。李东和、张结魁（1999）[1]提出在理论上要从旅游需求和供给两方面理解生态旅游概念：从需求角度看，生态旅游指的是一种旅游活动形式或旅游产品；从旅游供给角度来讲，生态旅游是一种将生态学思想贯穿于整个旅游系统并指导其有序发展的可持续旅游发展模式，其目标是实现旅游发展中生态、经济、社会三方面效益的统一和综合效益最大化。在实践中，应该将其统一起来。王淑芳（2001）[2]从传统旅游与生态旅游的定义、内涵、特点、目的、条件、受益者、计划、调控与经营管理，对经济、环境和社会的影响这几个方面较为详细地阐述了两者的不同之处，以求全面清楚地把握这两大旅游主题。金波、王如渊、蔡运龙（2001）[3]回顾了国外生态旅游的概念，提出应将生态旅游的概念进行延伸，由原先所定义的一种旅游发展方式扩展为一种旅游发展模式。王家骏（2002）[4]选取国外44个生态旅游定义作为研究对象，通过确认关键词、对关键词进行聚类分析，将定义内容归纳为6大类11组分，进而构建生态旅游概念模型。在检验模型理论上的可靠性和实践上的适应性后，依据模型提出自己的生态旅游定义。宋子千、黄远水（2001）[5]着重阐述了生态旅游内涵的三个层面，即：作为旅游发展模式的生态旅游；作为旅游产品的生态旅游；作为旅游消费方式或行为方式的生态旅游。他还对生态旅游认识在目的或责任、资源及产品等方面的泛化现象做了分析。

　　生态旅游的特征：陈传康先生（1996）[6]将生态旅游总结出四方面特征，即保护资源，特别是保护生物的多样性，维持资源的可持续利用；促进地方经济发展，经济发展后才能真正重视保护自然；对游客进行生态保护教育和宣传，经营和管

---

[1] 李东和，张结魁. 论生态旅游的兴起及其概念实质[J]. 地理学与国土研究，1999. 15（2）：75-79.
[2] 王淑芳. 传统旅游与生态旅游之比较[J]. 当代生态农业，2001（Z2）：107-109.
[3] 金波，王如渊，蔡运龙. 生态旅游概念的发展及其在中国的应用[J]. 生态学杂志，2001, 20（3）：56-59.
[4] 王家骏. "生态旅游"概念探微[N]. 江南大学学报（人文社会科学版），2002, 1（1）：52-56.
[5] 宋子千，黄远水. 对生态旅游若干理论问题的思考[J]. 林业经济问题，2001, 21（4）：213-215.
[6] 陈传康，王民，牟光蓉. 中心城市和景区旅游开发研究[J]. 地理学与国土研究，1996, 12（2）：47-51.

理者更应自我重视生态保护；制定不破坏自然的规划。郭来喜先生（1997）[①]认为生态旅游具有六大特征：①旅游活动以大自然为舞台；②旅游内涵孕育着科学文化高雅品质；③旅游活动以生态学思想作为思想依据；④旅游活动载体具有多样化特色；⑤旅游者高强度参与性的活动；⑥生态旅游是增强人类环境意识的高品质旅游。此外，作者还对生态旅游景物的生成机理，提出内生型（原生型）地域生态旅游系统和外生型（衍生型）地域生态旅游系统两大类型新概念。卢云亭（1996）[②]提出了生态旅游的完整定义：生态旅游是以生态学原则为指针，以生态环境和自然环境为取向，所展开的一种既能获得社会效益，又能促进生态环境保护的边缘性生态工程和旅行活动。他还从范域上的自然性、层次上的高品位性、利用上的可持续性以及内容上的专业性等四个方面论述了生态旅游的基本特征。程占红、张金屯（2001）[③]探讨了生态旅游产生的历史背景、起源和发展，并解释了其涵义。吕永龙提出了完整的定义，最后论述了生态旅游的五大特点：生态性、高品位性、二重性、可持续性和自然趣味性[④]。

生态旅游的理论基础学科在生态旅游中的应用：生态旅游是一门新兴的学科，它的发展与成熟是与景观生态学、环境科学、系统学、遥感和地理信息系统等学科的发展息息相关的。一些学者对这些学科在生态旅游中的应用也作了一定的研究。康云海、宁苹（1997）[⑤]通过分析200多年来发达国家和发展中国家在单纯经济增长片面发展观指导下推行的工业化和现代化过程中造成的经济、社会和环境不可协调的矛盾，提出可持续发展是当今国际社会发展生态旅游的理论基础。徐君亮、叶茂业（2000）[⑥]结合研究实践，提出景观生态学在生态旅游景观建设中的四个应用研究领域：自然保护区和森林公园；城市郊野公园；农业观光园；城市生态公园、绿化广场、斑块和廊道。刘忠伟、王仰麟、陈忠晓（2001）[⑦]在从旅游供给方、旅游需求方和二者的综合层次三个方面定义生态旅游的基础上，强调生态旅游的空间

---

① 郭来喜. 中国生态旅游—可持续旅游的基石[J]. 地理科学进展, 1997, 16（4）: 1-10.
② 卢云亭. 生态旅游与可持续旅游发展[J]. 经济地理, 1996, 16（1）: 106-112.
③ 程占红, 张金屯. 生态旅游的兴起和研究进展[J]. 经济地理, 2001, 21（1）: 110-113.
④ 吕永龙. 生态旅游的发展与规划[N]. 自然资源学报, 1998, 13（1）: 81-86.
⑤ 康云海, 宁苹. 论发展生态旅游的理论基础[J]. 生态经济, 1997（6）: 36-41.
⑥ 徐君亮, 叶茂业. 景观生态学在生态旅游景观建设中的应用[J]. 热带地理, 2000, 20（4）: 286-290.
⑦ 刘忠伟, 王仰麟, 陈忠晓. 景观生态学与生态旅游规划管理[J]. 地理研究, 2001, 20（2）: 206-212.

范围和生态内涵，初步探讨了景观生态学在生态旅游上述三个方面尤其是生态旅游规划管理中的应用。提出可将景观的结构与功能、生态整体性与空间异质性、景观多样性与稳定性以及景观变化等景观生态学理论作为生态旅游规划管理的理论基础之一。沈长智（2001）[①]从系统论的角度出发，结合生态学的有关原理，探讨了生态旅游系统及其特性、类型；提出构建生态旅游系统基本原则和结构建设的一般法则。杨桂芳等（2002）[②]从生态旅游资源调查评价、生态旅游的开发规划和旅游地的环境保护三个方面简要论述GIS在生态旅游中的应用，并针对目前存在的问题，提出GIS在该领域应用的未来发展趋势。

（3）生态旅游的开发与规划实践

生态旅游作为一种新兴的旅游发展模式，引起越来越多的旅游决策者、研究者和规划人员的注意。许多学者在总结归纳自己的生态旅游开发与规划实践的基础上探讨了生态旅游理论在我国生态旅游开发实践中的有效应用途径、经验与教训，并提出了生态旅游开发实践的新思想、新理论。

生态旅游的开发：喻湘存（2001）对我国的生态旅游资源进行了再分析，并提出了我国生态旅游资源的系统开发方略。张文敏、于德珍（2001）[③]对生态旅游商品的概念、开发程序进行了探讨，并从生态旅游文化、生态旅游气候、生态环境优势等方面提出了我国生态旅游商品的开发策略。粟维斌（2002）[④]在生态旅游和生态县两个基本概念的基础上，提出"生态旅游县"的概念，并提出生态旅游县的建设条件、建设标准和建设关键措施，以探讨生态旅游理论在我国生态旅游开发实践中的有效应用途径。

生态旅游规划与景观设计：孔红梅、齐东、卢琦（1995）[⑤]提出了进行生态旅游规划的十大准则。刘家明（1998）[⑥]主张因文脉的差别来区分不同的功能分区和地段划分，然后就其综合特点规划设计并开发生态旅游产品。他还指出要使生态旅游具有可操作性需特别注意的四个方面：①生态旅游规划只有按处境分异分地段安排不

[①] 沈长智. 生态旅游系统及其开发[N]. 北京第二外国语学院学报, 2001（1）: 87-90.
[②] 杨桂芳. GIS在生态旅游中的应用及展望[J]. 自然杂志, 2002, 24（4）: 231-233.
[③] 张文敏, 于德珍. 关于生态旅游商品的几点思考[J]. 林业经济, 2001（4）: 50-54.
[④] 粟维斌. 生态旅游县建设初探[N]. 广西科学院学报, 2002, 18（2）: 84-88.
[⑤] 孔红梅, 齐东, 卢琦. 生态旅游规划[J]. 世界林业研究, 1995（2）: 69-71.
[⑥] 刘家明. 生态旅游及其规划的研究进展[N]. 应用生态学报, 1998, 9（3）: 327-331.

同的开发和保护规划,才能更有操作性,并进行相应的地表生态系统分异教育,增强生态旅游的观光多样性;②具体规划设计的人为措施必须根据地段的生态保护要求分别处理,尽量减少人为破坏,天然的斑、廊、基地段格局与规划措施的廊、斑等两个层面关系必须处理好;③两个层面的斑、廊、基所构成的排列图式要考虑生态系统彼此之间的关系,有利于物种和生态群落要求的彼此联系和发展;④如何按上述三项措施从处境分异(分地段)去促进景观多样性和生物多样性的保护。陈久和(2001)[1]以杭州西湖西进为例,阐明了发展生态旅游的关键是进行旅游区及旅游设施的绿色设计,同时指明了生态旅游绿色设计的基本原理及方法。舒伯阳、张立明(2001)[2]从景观生态学及生态工程角度切入生态旅游,构建生态旅游区景观设计的重要理论框架,并对生态旅游区景观生态设计的具体实施提出建议。

生态旅游的管理:侯一边(2000)[3]以香格里拉县的生态旅游为范例,试图用系统的方法在理论上构建生态旅游管理系统框架,并局部模拟应用。武锁庆、鄢和琳(2001)论述了重视和加强生态旅游资源管理的必要性,并就生态旅游资源管理的功能作了探讨,认为生态旅游资源管理工作应承担和可能完成的基本任务,可划分为决策、计划、组织、控制等几方面的功能。刘岩、张珞平、洪华生(2002)[4]以厦门岛东海岸区(黄厝)生态旅游开发为例,提出在生态资源开发、管理过程中,实现社区公众有效参与、社区居民的生活水平得到提高的同时,达到生态保护目的的保障机制—生态旅游股份合作制。进而就厦门岛东海岸区生态旅游股份合作制运行框架进行了探讨。郭舒、曹宁(2002)[5]回顾了生态旅游管理的研究进展,着重分析了生态旅游管理的目标和原则。认为生态旅游管理的目标包括生态体验、经济效益和生态保护,其管理应该坚持区域管理、政府介入、量度依赖和信息传播等四个原则。本文还对生态旅游管理的内在机制进行了初步的研究,探

---

[1] 陈久和. 生态旅游的绿色设计研究—以杭州西湖西进为例[J]. 生态经济, 2001(12): 35-37.
[2] 舒伯阳, 张立明. 生态旅游区的景观生态化设计[N]. 湖北大学学报(自然科学版), 2001, 23(1): 93-95.
[3] 侯一边. 生态旅游管理系统框架构建研究—香格里拉生态旅游示范区应用管理模式思考[J]. 思想战线, 2000, 26(1): 77-81.
[4] 刘岩, 张珞平, 洪华生. 生态旅游资源管理中社区参与激励机制探讨—以厦门岛东海岸区生态旅游开发为例[J]. 农村生态环境, 2002, 18(4): 60-62.
[5] 郭舒, 曹宁. 生态旅游管理初步研究[N]. 北京第二外国语学院学报, 2002(6): 86-93.

讨了区域（地方）管理思想在生态旅游管理中的应用。何艺玲（2002）[①]介绍了泰国HuayHee村社区生态旅游CBET发展的过程和现状，认为要成功地发展CBET应该具备以下条件：初期需要外界支持；逐步建立和完善村民的相关旅游组织；成立相应的旅游基金会，用于资源保护；各利益方要建立良好的合作关系，共同制定CBET产品发展计划；在CBET计划实施过程中要进行监测和评估。于法稳、尚杰（2002）[②]指出在我国开展生态旅游认证的紧迫性，并分析开展生态旅游认证对实现人与自然和谐统一、推动旅游业可持续发展的意义。

（4）生态旅游与可持续发展及环境保护间的关系

生态旅游与可持续发展间的关系：进入20世纪90年代，随着人类社会对"可持续发展"这一主题的日益关注，以大自然为取向的生态旅游逐年增温，发展势头强劲。如何全面推进生态旅游的可持续发展，已成为一个重要的研究课题。

牛亚菲（1999）[③]分别阐述了可持续旅游和生态旅游的定义、评价标准、二者之间的关系以及实施可持续旅游和生态旅游战略的途径，并提出中国实施可持续旅游和生态旅游战略的必要性、目标和方案。同时，提出了一系列有关生态旅游管理的对策，论述了我国生态旅游的发展前景。高曾伟（2000）[④]指出：我国生态旅游发展中存在着管理体制不健全、生态旅游资源开发不尽合理、污染较严重、生态环境遭破坏、野生生物资源日趋枯竭等主要问题。促使生态旅游可持续发展的主要措施有：一是以生态学的基本原理和持续发展理论为指导，制定科学的生态旅游发展规划；二是加强旅游管理，健全法制体系；三是制定科学的营销策略；四是加强环境教育。冯卫红（2001）[⑤]探讨了生态旅游地域系统的特征，并从地域系统的角度出发，探讨生态旅游地域与旅游地可持续发展的关系。作者认为：生态旅游地可持续发展的实质是生态旅游地域系统的协调运行，而生态旅游地域系统协调运行的基础是实现地域系统要素结构的优化。生态旅游地可持续发展规划的制定过程实际上就是使生态旅游地域系统结构实现优化的过程。因此，在制定规划时应考虑到系统

[①] 何艺玲. 如何发展社区生态旅游—泰国Huay Hee村社区生态旅游（CBET）的经验[J]. 旅游学刊, 2002, 17（6）: 57-60.
[②] 于法稳, 尚杰. 实施生态旅游认证的紧迫性[J]. 生态经济, 2002（5）: 48-50.
[③] 牛亚菲. 可持续旅游、生态旅游及实施方案[J]. 地理研究, 1999, 18（2）: 179-184.
[④] 高曾伟. 我国生态旅游可持续发展研究[N]. 镇江市高等专科学校学报, 2000, 13（3）: 66-69.
[⑤] 冯卫红. 生态旅游地域系统与旅游地可持续发展探讨是[J]. 经济地理, 2001, 21（1）: 114-117.

结构优化的原则。最后以芦芽山为案例分析了自然保护区生态旅游开发与可持续发展间的关系。马严、徐宝根（2001）[①]提出用Butler模型定量描述生态旅游的可持续发展。在理想状态下，生态旅游是一个自稳定系统，旅游人数N的增长具有持续性、快速性和有限性，N的增长不会超过环境容量阈值K。增长速率r和单位时间游人的增长量d Ndt与N存在对称关系。r、d Ndt、N与时间t存在内禀的线性关系。生态旅游只有全部符合上述自然生态特征，发展才是可持续的。过多的人为干扰，会使生态旅游丧失自然特征，发展是不可持续的。利用上述特征，可以对生态旅游的可持续发展进行评估和预测。文章最后对安吉竹种园生态旅游可持续发展进行了定量分析。

生态旅游与环境保护间的关系：生态旅游的开展对旅游地的生态环境所产生的影响，既可以是消极的也可以是积极的。因此如何处理好生态旅游和环境保护间的关系，使得在保证生态旅游的开展之时尽可能地对环境造成较小的影响就成为众多学者研究的焦点。近年来学者们在生态旅游所产生的正负面影响、生态旅游的环境监测及环境影响评价、生态旅游环境容量、环境承载力及开发规模的确定、生态旅游环境保护措施等一系列领域中进行了深入的研究，取得了较丰硕的成果。

充分而全面地认识生态旅游所产生的正负面影响，尤其是明确生态旅游所带来的负面影响，是正确评价生态旅游、合理进行生态旅游规划和管理的基础，将有利于生态旅游健康发展和旅游可持续发展。李春茂等（2000）[②]论述了生态旅游对环境带来的正、负两方面的效应，并对生态旅游所带来的环境负效应提出相应对策，以期引导生态旅游走向良性发展的道路。明庆忠、李宏、武友德（2001）[③]从正、反两方面辩证论述了生态旅游造成的影响。正面影响有：通过生态旅游活动可以促进生物多样性、水体质量、大气环境、地质地貌景观等自然生态环境的保护及生态环境的良性循环，它还可以促进环境教育及区域经济发展、社会进步等，但生态旅游也有不良影响，如对生物、水体、大气等自然生态环境造成破坏或污染；对当地

[①] 马严，徐宝根. 生态旅游可持续发展的Butler模型定量分析[J]. 重庆环境科学，2001，23（5）：15-17.
[②] 李春茂等. 生态旅游环境效应研究[J]. 福建林业科技，2000，27（4）：38-40.
[③] 明庆忠，李宏，武友德. 生态旅游的环境影响评价初步研究[N]. 云南师范大学学报（自然科学版），2001，21（1）：60-65.

经济环境及社会文化环境造成负面影响。刘兴泉等（2001）[①]分析了生态旅游的兴起和发展对生物多样性产生不良影响的主要原因：追求经济效益；对旅游需求的错误理解；人类中心主义的错误思想及对此的解决措施：加强管理，增加景区的收入途径；建设真正的生态旅游；走出人类中心主义的束缚。针对生态旅游过程中造成的一系列环境问题，明庆忠（2001）[②]从思想意识、管理体制、主观决策、旅游经营者和管理者的行为、旅游者行为以及其他产业发展等方面分析了它的产生原因，并将其按照成因分为原生生态旅游环境问题、次生生态旅游环境问题、社会生态旅游环境问题，按照影响程度分为生态旅游环境破坏、生态旅游环境退化、生态旅游环境不协调等。

生态旅游环境监测与环境影响评价是科学、客观、全面的评价生态旅游造成的影响的有力工具。林卫强、管东生（2000）[③]探讨了在进行生态旅游开发前进行旅游环境影响评价的原因以及旅游环境影响评价的内容，并较准确而全面地抓住了现有的旅游环境影响评价中存在的问题及改进方法。常学向、刘贤德、金铭（2000）[④]通过对祁连山自然保护区生态旅游环境、生态旅游现状的调查分析，认为祁连山自然保护区的生态旅游对保护区的环境污染、植被破坏程度在逐渐增大。据此提出了对祁连山自然保护区生态旅游开发与保护的建议。杨桂华、文传浩、王跃华（2002）[⑤]通过对碧塔海自然保护区在1999年旅游淡旺季的两次环境监测分析，表明生态旅游项目的开展对保护区内地面水中细菌总数、大肠菌群、BOD5以及地下水水质中细菌总数、硝酸盐氮指标有较大影响。本文建议在今后保护区开展生态旅游时应建立长期的环境监测点；建立综合系统的旅游环境承载力考核指标体系，以及进一步深化保护区开发生态旅游中的社区参与和资金引进机制。文传浩、杨桂华、王焕校（2003）[⑥]在1999年，选取了生态旅游开发前的4月和开发后的旅游旺

[①] 刘兴泉等. 生态旅游对生物多样性的影响分析[J]. 当代生态农业, 2001（Z2）：50-52.
[②] 明庆忠. 试论生态旅游环境问题的类型及其产生原因[N]. 云南师范大学学报（自然科学版），2001, 21（2）：67-72.
[③] 林卫强，管东生. 生态旅游和旅游环境影响评价[J]. 重庆环境科学, 2000, 22（1）：23-30.
[④] 常学向，刘贤德，金铭. 祁连山自然保护区的生态旅游及对环境的影响[J]. 甘肃林业科技, 2000, 25（4）：61-62.
[⑤] 杨桂华，文传浩，王跃华. 生态旅游的大气及水环境效应—以滇西北碧塔海自然保护区为例[J]. 山地学报, 2002, 20（6）：752-75.
[⑥] 文传浩，杨桂华，王焕校. 滇西北香格里拉生态旅游示范区环境效应初步研究[N]. 农业环境科学学报, 2003, 22（1）：82-85.

季8月两季,对滇西北香格里拉生态旅游区的旅游中心城镇及各主要景区的环境噪声、大气质量、地面水、地下水进行了监测。监测指标表明,香格里拉生态旅游区由于管理不当,已使水环境质量有下降的趋势。韦新良(2003)[1]根据系统科学和森林学的基本原理与方法,分析了生态旅游对森林资源影响的方式和途径。以森林资源变化量作为指标,提出以影响度来量化生态旅游对森林资源的影响程度,并对其内部结构进行分析,建立计量分析模型,以分析生态旅游发展对森林资源的利用效果。在此基础上,韦新良、姜春前、张守攻(2003)[2]分析了决定生态旅游对森林资源影响程度的主要因素:森林资源系统自身的质量、生态旅游开发建设的强度与游客量大小、生态旅游地所处的社会经济环境,以及生态旅游经济的内在规律性。尹贻梅、刘正浩、刘志高(2003)[3]探讨了生态旅游环境监测系统的建立过程及运作方式,即在专业研究人员主导下,当地居民和旅游者普遍、全过程参与,收集现场资料及文献资料,充分利用GIS,GPS,把所有数据以数字化方式加以整合,建立起旅游地环境信息系统并进行分析,从而发现和解决问题。

合理确定生态旅游环境容量、环境承载力是进行生态旅游规划与管理的重要依据,也是生态旅游环境保护中的重要一环。李春茂、明庆忠、胡笃冰(2000)[4]探讨了生态旅游环境容量的确定与量测的思想方法和操作方法,作者认为生态旅游环境容量的确定与量测要以唯物辩证法为指导,采取实证论、规范论和形式化等方法来进行,在具体操作上可采取经验量测法、理论推测法等进行,并注重定性与定量相结合,以确定生态旅游环境容量的阈值范围或者最适容量,保证生态旅游环境良性循环,促进旅游业可持续发展。文传浩、杨桂华、王焕校(2002)[5]综述了近年来国内外旅游环境承载力研究进展。孙道玮、陈田等(2002)[6]给出了生态旅游环境承载力的定义并揭示了其内涵,在深入研究生态旅游环境承载力的组成、性质、

---

[1] 韦新良. 生态旅游对森林资源影响的计量分析研究[N]. 北京林业大学学报, 2003, 25(1): 65-68.
[2] 韦新良, 姜春前, 张守攻. 生态旅游对森林资源的影响机理研究[J]. 世界林业研究, 2003, 16(1): 15-19.
[3] 尹贻梅, 刘正浩, 刘志高. 生态旅游环境监测系统[J]. 国土与自然资源研究, 2003(1).
[4] 李春茂, 明庆忠, 胡笃冰. 生态旅游环境容量的确定与量测[J]. 林业建设, 2000(5): 21-25.
[5] 文传浩, 杨桂华, 王焕校. 自然保护区生态旅游环境承载力综合评价指标体系初步研究[J]. 农业环境保护, 2002, 21(4): 365-368.
[6] 孙道玮, 陈田等. 生态旅游环境承载力研究—以净月潭国家森林公园为例[N]. 东北师大学报(自然科学版), 2002, 34(1): 66-71.

分类、计算程序及计算模型的基础上，计算了净月潭国家森林公园现有景区的生态旅游环境承载力，并提出了净月潭国家森林公园生态旅游环境承载力的优化策略。王佳、路紫、孙东敏（2002）[①]探讨了生态旅游环境承载力的内涵、组成体系、指标体系，提出了提高环境承载力的对策与措施。在此基础上建立了在自然保护区开展生态旅游评价环境承载力的综合指标体系。

此外，一些学者还从其他角度探讨了确定生态旅游区开发建设规模的方法。陈辉、刘春草（1998）[②]从旅游可持续发展的角度出发，通过分析旅游地的承载能力来确定旅游价格，从而运用价格手段对旅游者人数加以控制，确保旅游的可持续发展。钟林生、肖笃宁、赵士洞（2002）[③]提出了生态旅游适宜度评价的概念和原则，并以乌苏里江国家森林公园为例，在确定公园生态旅游适宜度的评价因子的基础上，利用层次分析法对各因子的权重进行赋值，并运用GIS技术，对公园的生态旅游适宜度进行了计算。文章最后针对不同适宜程度对公园开发提出了建议。全华（2002）[④]通过实地监测并全面分析生态旅游区张家界环境演变趋势，表明用面积计算法、线路计算法、卡口法、自然净化量测公式等目前常用的旅游区容量计算方法，难以准确计算生态旅游区人文建筑动态阈值。作者提出了基于环境脆弱因子的游客住宿设施阈值计量模型，并在典型的生态旅游区张家界进行了验证。通过实证表明，住宿设施阈值计量模型是生态旅游区建筑规模调控的有效工具。

最后，一些学者对生态旅游的环境保护措施提出了建议。严国泰（1999）[⑤]指出：生态旅游产品的开发，首先要考虑建立一套环保处理系统，也就是说建立防污、排污系统，以弥补自然生态系统自净吸收能力的不足。他还以临安与承德为例阐述了应根据自然生态环境的特征、地理地貌特点及其风景旅游资源的状况，将游憩活动融于自然环境中的环境保育观点。最后，提出了营造生态环境效益体系，

[①] 王佳，路紫，孙东敏. 生态旅游环境问题与环境承载力刍议[N]. 河北师范大学学报（自然科学版），2002，26（2）：203-207.
[②] 陈辉，刘春草. 生态旅游及其定价方法[N]. 西北大学学报（哲学社会科学版），1998，28（1）：24-26.
[③] 钟林生，肖笃宁，赵士洞. 乌苏里江国家森林公园生态旅游适宜度评价[N]. 自然资源学报，2002，17（1）：71-77.
[④] 全华. 生态旅游区人文建筑动态阈值模型[J]. 旅游学刊，2002，17（6）：54-56.
[⑤] 严国泰. 生态旅游的环境效益[N]. 桂林旅游高等专科学校学报，1999（S2）：202-205.

以促进旅游区域的整体生态环境发展的观点。明庆忠、李宏、徐天任（2000）[①]认为：生态旅游的确在很大程度上能促进生态环境的保育，然而生态旅游活动本身规划不当、管理不妥等仍会造成一些生态旅游环境问题，因此必须对生态旅游环境认真进行保育：必须认识并利用生态旅游开发与环境保护规律、认真做好生态旅游发展规划、制定并执行生态旅游发展政策、认真做好环境影响评价和环境审计、构建具有地方特色的生态旅游产业结构、实施生态管理、对旅游者进行生态教育和管理、建设跟踪观测站点等，以保证生态旅游地环境容量不超载，生态旅游环境良性循环、促进可持续发展。陶丽华（2001）[②]认为现有生态旅游对生态环境教育功能的诠释存在明显的片面性，由此已影响到其应有的生态保护价值；而生态管理的不足又加剧了生态旅游地的环境破坏。为了强化生态旅游的环境保护功能，文章从生态学的视角对拓宽生态教育内涵、完善生态管理提出了初步设想。

自然保护区与生态旅游：自然保护区旅游资源丰富，风景优美，对生态旅游者有着莫大的吸引力，在生态旅游的发展中占据着重要地位。据调查，我国自然保护区生态旅游收入已达5.2亿元人民币。然而，随着生态旅游活动的开展，生态旅游保护与发展的矛盾日渐突出，生态旅游正在受到越来越严峻的挑战。据我国人与生物圈委员会对全国100个省级以上自然保护区的调查，有22%的保护区的保护对象已遭破坏，11%的资源出现退化[③]。因此，关于自然保护区中开展生态旅游的文献成为生态旅游中的又一个研究热点。从研究内容上看，主要集中于自然保护区中生态旅游资源的开发，生态旅游对自然保护区的影响及相应的管理措施，自然保护区中开发、规划和景观设计及管理的理论方法几个方面。

刘继生、孔强、陈娟（1997）[④]概括了自然保护区生态旅游资源的三大特点：广泛性与齐全性；整体性与综合性；垄断性与脆弱性。他们还从旅游资源开发和环境保护的天然矛盾、很多保护区资源品位不高、区位条件较差三方面论述了目前我国生态旅游资源的开发限制因素。

---

① 明庆忠，李宏，徐天任. 试论生态旅游环境保育[N]. 桂林旅游高等专科学校学报，2000，11（4）：55-59.
② 陶丽华. 生态旅游与环境保护研究——对生态旅游现状的生态学分析与展望[J]. 无锡教育学院学报，2001，21（3）：70-73.
③ 高露. 生态旅游管理亟待加强[N]. 经济参考报，1998-6-3.
④ 刘继生，孔强，陈娟. 中国自然保护区生态旅游开发研究刍议[J]. 人文地理，1997，12（4）：20-24.

充分利用自然保护区的旅游资源优势开展生态旅游，目前已达成国内外的共识，但旅游开发对自然保护区的影响问题同样也引起了人们的广泛关注。张光生（1999）[1]对自然保护区发展生态旅游的积极作用和消极影响进行了较全面的分析，提出了要确保自然保护区生态旅游的可持续发展，必须制定全国自然保护区生态旅游发展战略，编制各级生态旅游规划，建立全国自然保护区生态旅游信息服务网络体系，以及加强自然保护区生态旅游管理工作等措施。肖扬、杨瑞卿（2000）[2]在分析了自然保护区开展生态旅游的负面影响后，又提出了自然保护区开展生态旅游的三大原则："三控制"原则（严格控制空间范围、旅游项目和旅游时间、游客容量和开发强度）、"三统一"原则（生态效益、经济效益和社会效益的统一）、"三E"原则（环境影响评价、环境审计和环境监测）。李东义（2000）[3]从8个方面分析了自然保护区生态旅游存在的问题，从12个方面提出了19条解决对策。雷鸣等（2001）[4]在分析当前生态旅游对保护区的大气、水体、原始生态环境和景区自然性的影响及其产生原因的基础上，根据"利益共享，责任共担"的原则，提出了相应的管理措施。

在自然保护区的生态旅游开发、规划及景观设计方面，很多学者也做了大量的工作。周世强（1998）[5]探讨了生态旅游与自然保护、社区发展的协调机制。他根据生态旅游与自然保护、社区发展相协调的旅游行为原理，提出"时空差协调法"，即利用旅游行为的时空波动与自然保护区的分区结构、生物多样性的空间分异规律和农业生产的季节变化所形成的时间差和空间差，来合理规划生态旅游景区、组织国内外客源和适时安排农业生产活动；依据旅游者的旅游需求，开发当地的土特物产和旅游纪念品，建设旅游设施和开展让游客参与的旅游项目，从而达到既保护了野生动植物资源、森林生态系统和自然景观的目的，又吸引了国内外的生态旅游者，

---

[1] 张光生. 自然保护区生态旅游可持续发展的对策分析[J]. 资源开发与市场, 1999, 15 (4): 244-245.
[2] 肖扬, 杨瑞卿. 我国自然保护区生态旅游的发展现状、问题及原则[N]. 忻州师院学报, 2000 (2): 36-39.
[3] 李东义. 自然保护区生态旅游的问题与对策[J]. 河北林果研究, 2000, 15 (4): 313-317.
[4] 雷鸣等. 自然保护区生态旅游与生态环境保护[N]. 湖南农业大学学报（社会科学版）, 2001, 2 (3): 70-72.
[5] 周世强. 生态旅游与自然保护、社区发展相协调的旅游行为途径[J]. 旅游学刊, 1998 (4): 33-35。

同时还促进了当地区域经济的发展。蒋明康、吴小敏（2000）[①]详细阐述了自然保护区生态旅游开发的四个基本步骤：前期准备、立项审批、设计施工、经营管理。他还分立项阶段的环境管理、施工期的环境管理及生态监测与后评估三个阶段论述了生态旅游开发的环境管理，并阐述了自然保护区生态旅游开发及环境管理间的关系。陈孝青、王定济（2001）[②]提出了自然保护区生态旅游发展规划的一般原则：主体原则、重点原则、生态原则、经济原则、协调原则、技术可行性原则、市场导向原则及总体部署原则。李敏（2002）[③]通过实例研究，提出了自然保护区生态旅游景观规划的理论方法。认为通过对重要景观的识别、控制、屏蔽和恢复设计，可以在增加生物栖息地稳定性以及保护物种扩张所需求的空间的前提下，实现旅游活动空间的合理布局，达到自然景观的生态功能和利用方向从整体到细部的协调统一。

（5）专类生态旅游的研究

近些年，对各类生态旅游的旅游开发与规划的研究日益增多，研究范围也由原先的以森林旅游为主的自然生态旅游向人文生态旅游、社会生态旅游等其他类旅游扩展。但总的来说，该类文章中除了对森林生态旅游的研究较为深入外，其他类别的生态旅游的研究还有待于进一步深入。

森林生态旅游：这方面的研究主要集中于森林生态旅游资源的描述，森林生态旅游与可持续发展的关系，森林生态旅游的开发、规划及管理实践等方面。比较具有代表性的研究有：

森林生态旅游资源的研究方面，杨帆（1996）[④]从生态伦理学和可持续利用的观点出发，系统分析了我国森林公园丰富的生态旅游资源的特色，概括了我国生态旅游资源的不同景观类型及其分布，提出了开发和保护的基本策略。秦安臣、任士福、白晨彪（2001）[⑤]对森林生态旅游资源的空间结构特点、时间结构特点、经济特点和文化特点进行了研究，从而为科学评价森林生态旅游资源提供依据。

[①] 蒋明康，吴小敏. 自然保护区生态旅游开发与管理对策研究[J]. 农村生态环境，2000，16（3）：1-4，14.
[②] 陈孝青，王定济. 自然保护区生态旅游发展的探讨[J]. 林业经济问题，2001，21（4）：216-218.
[③] 李敏. 自然保护区生态旅游景观规划研究—以目平湖湿地自然保护区为例[J]. 旅游学刊，2002，17（5）：62-65.
[④] 杨帆. 森林公园生态旅游资源的开发和保护[J]. 中南林业调查规划，1996，15（4）：58-61.
[⑤] 秦安臣，任士福，白晨彪. 森林生态旅游资源结构特点的研究[J]. 河北林业科技，2001（5）：6-8.

关于森林生态产生的正负面影响及相应的管理措施，谭开湛（1999）[①]阐明了森林生态旅游和可持续发展之间的内在联系和目标的一致性。认为在可持续发展原则指导下，保护森林环境资源、保护民族传统文化、实施森林生态旅游保证体系、建立森林生态旅游监测与评估体系，是实现森林生态旅游可持续发展战略的重要途径。秦安臣等（2001）[②]总结了森林生态旅游对森林资源、林业经济和社区发展等方面的积极作用。刘紫青（2002）[③]从森林生态旅游可持续发展的角度对森林旅游资源开发利用中的负面影响，以及维护森林生态旅游可持续发展的对策等方面进行探讨。

森林生态旅游的开发、规划实践方面的研究有：邓金阳等人（1996）[④]提出了建立我国森林生态旅游定位站的设想，论述了其建立条件、研究内容及意义，具有一定的实践价值。刘春玲（2000）[⑤]运用网络测度指标对河北省太行山区一森林生态旅游区内的景区网络结构进行了定量分析，并选用中位点法对景区内服务设施选址问题进行了探索性研究。刘春玲，路紫（2001）[⑥]运用拓扑方法对河北省太行山区森林生态旅游区交通状况、节点功能及开发进行定性、定量分析，阐明拓扑方法对优化森林旅游空间结构的具体作用，提出开发合理化建议。但新球、吴南飞（2001）[⑦]分别阐述了森林生态旅游系统的两个子系统（即生态旅游资源子系统和生态旅游资源使用子系统）的结构、组成与层次，论述了森林生态旅游系统规划设计的步骤、方法和应注重的方面。

其他类生态旅游：朱信凯、雷海章、张娇健（1999）[⑧]从国外生态旅游农业的发展，论述了生态旅游农业形成和发展的社会、经济基础及其他发展的重大意义，并就典型案例分析提出笔者对我国生态旅游农业发展的几点思考。谢花林、刘黎

---

① 谭开湛. 森林生态旅游可持续发展途径[J]. 林业调查规划, 1999, 24（2）: 26-30.
② 秦安臣, 任士福, 马建波, 封魁生. 森林生态旅游概念的界定及其产业的正面效益[J]. 河北林果研究, 2001, 16（3）: 256-261.
③ 刘紫青. 试论森林生态旅游的可持续发展[J]. 林业经济问题, 2002, 22（2）: 122-124.
④ 邓金阳等. 森林生态旅游的生态影响—兼论建立定位站的必要性[J]. 农村生态环境, 1996, 12（1）: 24-28.
⑤ 刘春玲. 森林生态旅游区网络分析及服务设施选址研究—以河北省太行山区森林旅游区为例[J]. 资源开发与市场, 2000, 16（1）: 55-56.
⑥ 刘春玲, 路紫. 数学方法在森林生态旅游区开发中的具体应用[J]. 经济地理, 2001, 21（1）: 118-120.
⑦ 但新球, 吴南飞. 森林生态旅游系统规划设计探讨[J]. 中南林业调查规划, 2001, 20（4）: 45-51.
⑧ 朱信凯, 雷海章, 张娇健. 生态旅游农业发展初探[J]. 农业现代化研究, 1999, 20（6）: 372-375.

明、李蕾（2002）[①]在分析乡村景观的特点和乡村生态旅游开发的意义的基础上，提出了乡村生态旅游的基本类型，初步探讨了开发乡村生态旅游应注意的问题及对策。尹少华、邓德胜、文建林（2002）[②]通过阐述发展乡村旅游的重要意义及其在国内外的发展状况，分析了我国乡村旅游发展中存在的主要问题，认为统筹规划、强化特色、打造品牌、规范管理是解决这些问题的基本对策。此外，其他类别的研究还有陈炳灿、罗用能、文传浩（2001）对漂流生态旅游，黄安民、李洪波（2002）对文化生态旅游，李艳娜、胡波（2002）对城市生态旅游，鄢和琳（2002）对茶业人文生态旅游，黄政红（2002）对宗教生态旅游的研究。

（6）其他研究

除了以上五个较集中的类别外，还有一些学者对生态旅游从其他一些角度进行了探讨。这些文章在总的文献中数量不多，而且从研究的广度和深度来说仍需进一步拓宽、加深。

关于生态旅游的发展、发展中存在的问题及相应的管理措施：王兴斌（1997）[③]介绍了中国生态旅游的资源与客源市场、生态旅游主要产品与线路、生态旅游方面的宣传和教育情况，对我国的生态旅游的发展现状进行了简单明了的介绍。吕永龙（1998）[④]阐述了生态旅游发展的社会、经济、技术和环境的一般政策，并在此基础上，提出了生态旅游发展规划的一般原则、生态旅游产业发展的潜力与限制条件、生态旅游产业的结构与空间适宜性分布。徐君亮、叶茂业（2000）[⑤]提出我国生态旅游的发展的两种不同模式：回归大自然的中长线旅游及人工自然景观的短线旅游。杨开忠、许峰、权晓红（2001）[⑥]在分析生态旅游的概念由来、体系构成和要素内涵的基础上，提出了生态旅游发展的三大原则：旅游者行为约束原则，旅游地生态保护原则，旅游业经济发展原则，并将生态旅游概念的演化过程分为三个阶段进程：自发意识阶段、环境保护阶段和可持续旅游阶段；探讨了

[①] 谢花林，刘黎明，李蕾. 开发乡村生态旅游探析[J]. 生态经济，2002（12）：69-71.
[②] 尹少华，邓德胜，文建林. 乡村旅游及其发展对策的探讨[J]. 林业经济问题，2002，22（5）：264-267.
[③] 王兴斌. 中国的生态旅游与旅游生态环境保护[N]. 北京第二外国语学院学报，1997（6）：29-32.
[④] 吕永龙. 生态旅游的发展与规划[J]. 自然资源学报，1998，13（1）：81-86.
[⑤] 徐君亮，叶茂业. 景观生态学在生态旅游景观建设中的应用[J]. 热带地理，2000，20（4）：286-290.
[⑥] 杨开忠，许峰，权晓红. 生态旅游概念内涵、原则与演进[J]. 人文地理，2001，16（4）：6-10.

在可持续思想下生态旅游的提升,以及对旅游业健康发展的作用。赵路、郑向敏(2001)[①]分析了我国生态旅游发展面临的五点障碍:观念的滞后与误区;假日旅游与生态旅游的矛盾;生态旅游开发规划市场不完善;高科技、高知识含量不足;交叉管理,效率低下。并提出了提高认识、加强规划、增加含量、科学管理、统一管理等五项相应的解决对策。张建雄(2002)[②]认为近年来国内兴起的生态旅游热,其中很大一部分是"生态旅游泛化"现象影响、作用的结果。这是一种虚热现象,它与真正的生态旅游有着本质的区别。作者试图通过生态旅游泛化现象的表现、产生的原因和矫正思路的探讨,使此问题引起旅游学界的关注。钟国平、周涛(2002)[③]从目前生态旅游面临的困境入手,揭示造成这种状况的主要原因:在理论研究上还未建立科学的概念体系,在实践中对旅游者、开发商与经营者、行业管理、规划管理等方面存在的问题缺乏有效的解决手段。胡爱娟(2002)[④]从我国生态旅游现状及产生原因入手,对解决当前的生态旅游问题提出了体制、法制、规划、产品、市场、管理等五方面的措施。包维楷、印开蒲(2002)[⑤]认为生态旅游的产生主要源于三个原因:环境问题、游客兴趣、旅游发展战略趋势。他还简述了美、英、德、法及拉丁美洲、非洲、亚太地区等国家和地区近年来生态旅游的发展概况。

关于西部地区生态旅游的发展:西部地区旅游资源富集度高,多数具有原始性、垄断性和神秘性,是我国生态旅游资源最丰富的地区,同时也是生态系统极其脆弱的地区。因此发展生态旅游对西部地区发展意义重大。较具代表性的研究有:王瑛、王伟年(2002)[⑥]在对西部开展生态旅游的利弊进行分析的基础上,提出了西部生态旅游发展的几点建议:进行生态旅游规划,加快形成具有生态特色的旅游区;确定生态旅游景观区生态容量,切实保护好生态旅游资源;确定其生态旅游目标市场,有重点地进行宣传促销;提高地方居民的参与程度;加强培训,努力提高

---

① 赵路,郑向敏. 我国生态旅游发展的障碍分析与对策研究[N]. 北京第二外国语学院学报,2001,23-27.
② 张建雄. 简评生态旅游泛化现象[N]. 青海师范大学学报(哲学社会科学版). 2002(4):89-92.
③ 钟国平,周涛. 生态旅游若干问题探讨[J]. 地理与地理信息科学,2002,89-92.
④ 胡爱娟. 论开发生态旅游与可持续旅游发展[J]. 商业经济与管理,2002,(2):59-61.
⑤ 包维楷,印开蒲. 生态旅游:古老的实践,新兴的研究领域[J]. 世界科技研究与发展,2002,24(1):41-46.
⑥ 王瑛,王伟年. 西部生态旅游开发研究[N]. 井冈山师范学院学报,2002,23(6):67-70.

从业人员素质；实施计算机管理，使生态旅游的发展建立在科学的基础上。傅岳瑛、刘琴（2002）[①]分析了我国西部生态旅游资源，从六个方面总结其发展中存在的问题：环境污染、文化冲击、开发不当、可进入性差、资金缺乏、人才匮乏、管理滞后，并相应提出了我国西部地区生态旅游发展的五点建议。

关于生态旅游资源评价：马乃喜（1996）[②]将我国生态旅游资源分为观赏型、科学型、探险型、保健型、狩猎型、民俗型六大类，并论述了我国生态旅游资源质量评价与外部开发条件评价的具体内容，构建了生态旅游资源的综合评价系统。黎洁（2002）[③]从我国自然保护区所面临的经费困难问题和开展生态旅游的现状入手，概述了生态旅游资源的价值评估法和加拿大国家公园使用者收费情况，并探讨了我国自然保护区生态旅游资源价值实现的若干方式。自然保护区生态旅游资源价值评估与价值实现不仅可以解决保护区的经费问题，而且对生态旅游资源的资产化、价值化管理也有着重要意义。

4）国内研究中存在的主要问题

笔者认为，在国内的生态旅游研究中，普遍存在以下几个问题：

（1）从总体看，生态旅游的研究还很不成熟，缺乏基础理论体系和基本概念的指导，关于生态旅游的定义、内涵、理论基础等关键问题至今仍未形成统一的观点。

（2）生态旅游是一门交叉科学，它的发展壮大需要很多相关学科的支持。目前生态旅游的研究引入了很多生态学及自然地理学的理论和方法，但对社会学、人文科学、经济学、管理科学等的理论和方法的借鉴和应用的研究还很不足。从而导致了在研究内容上，对自然生态旅游，尤其是森林旅游的研究较深入，而对其他类别的生态旅游，尤其是社会、人文生态旅游研究较少。

（3）在生态旅游的开发方面对生态旅游资源的开发研究较多，对生态旅游产品、生态旅游线路的开发、生态旅游项目的组织研究较少；在生态旅游的管理方面，理论研究较多，而对生态旅游市场的分析及培育、景区形象设计、导游的培训

---

① 傅岳瑛，刘琴. 我国西部生态旅游的现状和开发建议[J]. 地理学与国土研究，2002，18（2）：103-106.
② 马乃喜. 我国生态旅游资源的评价问题[N]. 西北大学学报（自然科学版），1996，26（2）：171-175.
③ 黎洁. 我国自然保护区生态旅游资源价值实现方式研究[J]. 农村生态环境，2002，18（3）：61-64.

等可操作的措施方面的研究较少，降低了研究的可操作性和在实践中的应用价值。

（4）我国生态旅游研究重视生态旅游地的环境保护等问题，关于资源和环境保护及可持续发展的文献很多，但关于生态环境保护机制及生态旅游对环境和生态的影响机制的研究，关于如何将生态学原理真正地应用于生态旅游区的规划和设计中的研究还很不够，缺乏环保规划设计的成功案例的研究，且研究仍呈零散状态，并不成系统，推广意义和学术影响有限。

（5）与国外文献相比，现有国内文献中对政府、民营企业及当地居民在生态旅游中的作用的研究较少，对生态旅游与周围社区居民生活及社区的经济发展间的关系的研究较少，对社区居民参与生态旅游区发展的成功经验的研究较少。

（6）与国外文献相比，国内文献中案例分析相对较少，实证研究相对较少，定量分析相对较少。

综上所述，如果能在总结国内外的研究成果的基础上，通过一个具体的实证研究，对生态旅游进行全方位、多方面的研究将具有一定的理论价值和实践意义。而"建立生态旅游实验区，为发展生态旅游提供规划标准、评价体系和管理模式是启动生态旅游战略的第一步"。①本书即通过WWF在长江流域建设的生态旅游示范区，探索了生态旅游示范区的规划内容和技术指标、生态旅游功能区划分及适宜性项目选择、生态旅游示范区硬件规划与景观设计、软环境开发与管理、生态旅游开发与社区经济发展等一系列问题。

生态旅游产品：自然保护区生态旅游

1. 自然保护区的发展历程

人类对自然有目的、有组织的保护出现于19世纪，主要模式是通过法律形式，

---

① 牛亚菲. 可持续旅游、生态旅游及实施方案[J]. 地理研究, 1999, 18(2): 179-184.

对特定自然区域进行人为保护，保护那些已经十分稀少的自然景观和生物种。人类对自然区域的保护经历了国家公园—自然保护区—生物圈保护网的发展历程，这一历程体现了人类对自然的态度的一个发展变化过程。

1）早期形式

自然保护最初是以国家公园的形式出现的，主要目的是保护稀有的自然景观，所以国家公园是以自然景观的稀有程度和观赏价值而划定的。

1872年美国建立了世界上第一个国家公园黄石公园，1897年澳大利亚建立了世界上第二个国家公园，以后大多数国家也相继建立了国家公园。

2）建立自然保护区的目的

自然保护区的建立是人类从对稀有的自然景观的保护逐步转向对自然资源和自然环境的保护，主要目的是保护自然基因库、生物种和生态系统。

从20世纪70年代开始，对自然环境的保护成为人类环境保护的重要内容。1972年，在斯德哥尔摩举行了第一次人类环境会议，会议讨论并签订了自然保护公约，此后，相继成立了各种国际性保护组织。

建立自然保护区成为世界各国保护自然生态，挽救濒于灭绝的野生动植物的主要手段。

3）发展现状

国家公园和自然保护区经过100多年的发展，已成为世界各国自然保护的一种重要形式。

保护区数量和面积迅速增加，在许多国家，自然保护区面积已占国土面积的10%~20%，最高的达到30%以上。

据世界自然保护监测中心（WCMU）（1993年）的不完全统计，世界各种自然保护区的面积占全球土地面积的5.9%，保护区的数量达到8619个。

4）矛盾和冲突

国家公园和自然保护区建立后，人们把维持生物种类的持续发展和生态系统的完整性寄托于对保护区的全封闭式保护，并希望政府尽可能地阻止或限制对保护区的开发和占领。

这种排斥人类利用的保护方式忽视当地居民的权利和利益，致使许多原来依赖保护区内自然资源生存的居民失去生活来源，自然保护与生存发展的矛盾难以解决。

在大多数发展中国家，自然保护区管理人员与当地居民的关系往往是冲突的，靠法规禁止的管理策略得不到执行。

通过法律手段将自然保护与利用截然分开的保护模式受到质疑。

5）新的模式—生物圈保护区

基于上述矛盾，联合国教科文组织人与生物圈计划提出有别于传统自然保护区的全新的保护模式—"生物圈保护区网"。

生物圈保护区网打破长期以来对自然保护区的封闭式管理，强调在保护自然资源的前提下进行自然资源的合理利用，并使这些资源能够持续发展。

生物圈保护网注重把自然保护与科学研究、环境监测、示范、环境教育与当地人民的参与结合起来。

生物圈保护区网概念的提出为自然保护区的有效管理和资源的合理利用提出了明确的方向，尤其是可以解决发展中国家的自然保护区管理问题。

所以1975年，生物圈保护区作为一种取代国家公园的模式，被作为人与生物圈研究计划的第8个研究领域开始实施。

20世纪90年代，全世界生物圈保护区的数目已达到300多个，总覆盖面积达16400万公顷。

6）生物圈保护区的三个功能

保护功能、后勤基地功能和促进周边地区发展功能是生物圈保护区的三个功能。

每个生物圈都包括核心区、缓冲区和过渡带。

核心区包括受人类干扰很小的生态系统，受法律保护。

缓冲区也受法律保护，但是可以进行许多在核心区所不允许的资源利用活动。缓冲区的管理原则和利用目标是最大限度地减少当地居民对核心区资源的依赖。

生物圈保护区最外层是过渡带，是保护区管理和当地经济发展结合最为密切的地区。

2. 自然保护区的旅游开发

20世纪80年代，自然保护区、生物圈保护区和自然遗产地的旅游开发作为自然保护区开发性保护的重要组成，受到国际组织的重视。

20世纪90年代，联合国教科文组织（UNESCO）在对世界遗产调查的基础上，就世界遗产的旅游发展问题进行研究，举办国际可持续旅游讲习班，推广可持续旅游开发思想。

1) 开发前提—认识自然保护区的价值

自然保护区所涵盖的地域是世界上存留的典型的自然生态系统、珍稀和濒危的生物物种和罕见的自然遗迹存留地，这些地区为人类提供了重要的物种资源，是保护生物多样性和生态系统功效的关键性区域。

自然保护区的天然植被在稳定和调节地表水和地下水，保护土壤不被侵蚀方面比人工生态系统的功能更为完善，在维护区域生态平衡和能量流动方面具有重要价值。

只有充分认识保护区在实现可持续发展目标中所蕴含的巨大的生态、环境和经济价值，才能谨慎对待自然保护区的旅游开发。

2) 自然保护区旅游开发模式—国家公园

设立国家公园的最初宗旨是保护国家有代表性的自然生态资源和历史遗迹。

随着旅游业的发展，国家公园的旅游职能日益加强，在概念上也发生一定的变化，成为与城市公园相对应的旅游场所，构成旅游地域类型中的重要组成。

与一般城市公园不同，国家公园的经营管理以保护自然生态环境为首要目标，在不妨碍生态环境的前提下，提供旅游空间。

3) 国家公园的定义

1969年，世界自然保护同盟（IUCN）在第十届大会上对国家公园作出定义：

区域内生态系统未由于人类的开垦、开采和居住而受到根本改变。

区域内的动植物种、地貌和生境具有特别的科学教育和娱乐意义,或区域内拥有广阔优美的自然景观。

政府机构已采取措施,阻止或消除在区域内的开垦、开采和居住,并使生态、地貌和美学特征得到充分的展示。

在一定的条件下,允许开展以精神、教育、文化和娱乐为目的的旅游活动。

4)各个国家关于国家公园的法规

美国、日本等国家已形成完善的国家公园系统,在国家公园的规划和管理方面都已形成一定的模式,订立了一系列发展国家公园事业的提案和法规,并为其他国家所借鉴。

美国早在1872年由国会法案通过设立黄石国家公园,同时授权内政部长出租小块土地兴建旅游接待设施。

日本按照自然景观的观赏、科学和娱乐价值划分国家公园,1957年颁布了自然公园法,确定国家公园设施的种类和建设标准。

5)各个国家对国家公园的旅游经营指导原则

经营原则:鼓励公园范围以外的民间私人企业配合国家公园发展经过特别允许的事业;确保少数民族参与公园事业的经营。

国家的责任:国家公园署要为公园事业提供必要的道路、步道、停车场、电力、电信、供水、污水处理、废弃物处理等相关设施。

经营者的责任:经营者有责任维护所使用的国家公园的公共设施;经营者要提供令人满意的,并符合国家公园评定标准的服务,各项设施收费必须合理;出售商品和餐饮业要符合有关规定。

经营要求:设施坐落地点要适当规划配置,以不损害和保护公园自然景观为原则;公园设施的规划与设计尽可能维持满足经营的最小规模,并与周围景观相协调;非经许可,禁止随意设置广告牌。

6）国家公园全新开发模式—生态旅游

从自然保护区的全封闭式保护发展到生物圈保护网的合理利用式保护，自然保护区的性质趋向于多元化和综合化，一些国家和地区的自然保护区和国家公园向企业化方向发展。

但是对于自然保护区是否应该发展旅游业，采取何种旅游开发模式，仍是世界各国自然保护区所面临的共同问题，也是争议很大的问题。

这一问题的解决关系到如何协调生物多样性保护与社会经济发展两种目标之间的关系，是将实施《保护生物多样性》和《21世纪议程》目标相结合的重大问题。

世界各国政府和国际组织对此进行了深入的研究，逐步形成共识，采取一种全新的自然保护区和国家公园的旅游开发模式，即生态旅游模式，并将生态旅游模式确定为达到可持续旅游目标的基本旅游开发模式。

3. 中国的自然保护区及其旅游开发

中国的国家公园事业始于20世纪70年代后期，是以国家级风景名胜区和森林公园的形式出现的。

中国的国家公园并不完全等同于自然保护区，只有部分以自然景观为主的国家级风景名胜区和重要的森林生态系统同时也是国家级或省级自然保护区。

中国的自然保护区、国家级风景名胜区和森林公园分属不同的管理部门，自然保护区管理部门的主要职能是自然生态保护，而风景名胜区管理部门的主要职能是进行旅游开发，森林公园大多数是由林业生产部门转化而来的，这是中国自然保护体系与其他国家的重要区别。

1）自然保护区的规模

中国是世界上生物多样性最丰富的国家之一，物种数约占世界总数的10%。生物多样性保护十分重要。

1956年中国大陆建立了第一个自然保护区—广东肇庆鼎湖山自然保护区，标志着中国自然保护工作的开端。自然保护区的主要目的是进行生物多样性保护。

2001年底，我国有各类自然保护区1551个，其中国家级171个，总面积达1.45亿公顷，占国土面积的14.44%左右。

2）自然保护区的旅游开发—需求推动

自然保护区涵盖了全国最精华的自然景观，对旅游者有巨大的吸引力。市场压力推动了保护区的旅游开发。

自然保护区的生存需要通过旅游开发解决资金问题。利益驱动了保护区的旅游开发，80%以上的保护区成为旅游区，成为旅游景区系统的重要组成。

自然保护区的旅游开发也已经成为保护区内部和周边居民的重要经济来源。

3）自然保护区旅游开发带来的问题—环境威胁

自然保护区的旅游开发带来了一系列的资源环境问题。西部生态脆弱地区保护区旅游开发产生的环境问题尤为突出（沙漠区、高寒区、草原区）。

如何在科学层面上对自然保护区旅游开发进行研究已经成为旅游研究领域和生态环境保护研究领域迫切需要进行共同研究的重要课题。

4）自然保护区的旅游开发要遵循的模式—生态旅游开发

充分认识我国自然保护区的生态价值；

深入分析旅游开发可能产生的生态环境影响；

严格遵循生态旅游开发方式。

生态安全格局与生态旅游

1. 生态安全格局概念

区域生态安全格局是指能够保护和恢复生物多样性，维持生态系统结构、功能和过程的完整性，实现对区域生态环境问题有效控制和持续改善的区域性空间格局[1]、[2]。区域生态安全格局重点研究关键生态系统的完整性和稳定性，景观斑块动态与景观生态过程的连续性，生态系统健康与服务功能的可持续性，景观对干扰的阻抗与恢复能力[3]。景观中存在着某种潜在的空间格局，它们由一些关键性的局部、点及位置关系所构成。这种格局对维护和控制某种生态过程起着关键性的作用，这种格局被称为景观生态安全格局[4]。景观生态安全格局组分对生态过程具有明显的控制作用，对于一个退化的区域景观，抓住对景观内的生态流有控制意义的关键部位或战略性组分，在两个或多个孤立栖息地之间构筑廊道，才可以使恢复过程更有效，包括有效地使乡土物种得以维持和繁衍和有效地阻止外来物种的侵入[5]。在生物保护中，一个典型的安全格局包含源（source）、缓冲区（buffer zone）、源间连接（inter-source linkage）、辐射道（radiation routes）、战略点（strategic points）等景观组分[6]。

2. 生态安全格局研究进展

生态安全已成为近期国内外研究的热点。国外对生态安全的研究始于20世纪70年代末，现已取得了不少成果，主要集中在生态安全定义的扩展[7]、环境变化与安全的经验性研究[8]、环境变化与安全的综合性研究[9]及环境变化与安全内在关系研

---

[1] 马克明，傅伯杰，黎晓亚等. 区域生态安全格局：概念与理论基础[N]. 生态学报, 2004, 24 (4): 761-768.

[2] 刘吉平，吕宪国，杨青，王海霞. 三江平原东北部湿地生态安全格局设计[N]. 生态学报, 2009, 29 (3): 1083-1090.

[3] 肖笃宁，陈文波，郭福良. 论生态安全的基本概念和研究内容[N]. 应用生态学报, 2002, 13 (3): 354-358.

[4] Yu K J. Security patterns and surface model in landscape planning. Landscape and Urban Plan, 1996, 36 (5): 1-17.

[5] 李晓文，胡远满，肖笃宁. 景观生态学与生物多样性保护[N]. 生态学报, 1999, 19 (3): 399-40.

[6] Yu K J. Security patterns and surface model in landscape planning[J]. Landscape and Urban Plan, 1996, 36 (5): 1-17.

[7] Pirages D. Social Evolution and Ecological Security[J]. Bulletin of Peace Proposals, 1991, 22 (3): 329-334.

[8] Homer T F. Environmental scarcities and violent conflict: Evidence from cases[J]. International Security, 1994, 16 (2): 76-116.

[9] Dabelko G D, Simmons P J. Environment and security: Core ideas and U. S. government initiatives[J]. SAJS Review, 1997: 127-146.

究①等方面，但是这些研究探讨的多是在全球或是国家层面上的问题，而对地方或区域层面上的生态安全研究尚显薄弱，对一些地方或区域特别的环境压力与安全的关系有所忽略②。国内对生态安全的研究是从20世纪90年代起步，对生态安全的概念、空间格局、监控、评价和保障体系作了一定的探讨③、④、⑤，对生态安全的理论与实践的研究正在深入。

3. 旅游区生态安全格局构建

1）景观多样性分析

包括景观类型多样性、斑块多样性和格局多样性分析。其中，类型多样性的测定指标有多样性、优势度等；格局多样性的测定指标有分离度等；斑块多样性的测定指标包括破碎度等。

2）景观生态适宜性评价

考虑景观的"垂向"分配，通过多个限制量化图层的空间叠加来实现景观资源的"适地适用"。对旅游地而言，植被不仅是重要的风景资源，更是保护景区生态环境的关键所在。为保障当地物种，可采用维护与优化原生生境要素的手段进行间接保护。可着重从植被入手，通过适宜性评价识别出发展和保护林地的关键地段，获得规划依据。

3）景观敏感性分析

旅游地景观敏感度高的部位显然是旅游开发保护的关键区，也是规划设计的重点区。通过敏感度分析，为规划设计提供直接的环境依据。

---

① Jon B. Security and climate change[J]. Global Environmental Change, 2003, 13: 7-17.
② 崔胜辉，洪华生，黄云凤等. 生态安全研究进展[N]. 生态学报，2005，25（4）：861-868.
③ 俞孔坚. 生物保护的景观生态安全格局[N]. 生态学报，1999，19（1）：8-15.
④ 关文彬，谢春华，马克明等. 景观生态恢复与重建是区域生态安全格局构建的关键途径[N]. 生态学报，2003，23（1）：64-73.
⑤ 黎晓亚，傅伯杰，马克明等. 区域生态安全格局：设计原则与方法[N]. 生态学报，2004，24（5）：1055-1062.

4）旅游地斑块—廊道—基质系统规划与设计

Forman的生态空间理论认为，确保大型植被斑块的完整，能充分发挥其生态功能。为此，规划时需先确定必要保护的景观要素，构建出不可替代的基础格局。最优先保护或建设的格局是水源涵养与本地物种保存等所必需的大型自然斑块，即"源地"区。其次是用以保护水系和满足物种空间运动等的重要廊道。核心斑块主要依据景观耗费表面的"源地"区来选择。

5）风景区生态安全格局构建

构建区域景观生态安全格局，认识和保护日益衰退的风景保护区生态系统是当务之急，景观生态安全格局理论为此提供了帮助。景观中局部、点及位置对维护和控制某种生态过程有着重要意义，且构成了景观生态安全格局（landscape ecological security pattern, SP）[1]。利用生态安全格局方法去建立整体性的生态基础设施是风景区保护规划的核心，决定着风景区的景观资源保护、旅游业可持续发展等一系列问题的解决[2]。典型的生态安全格局包括源（source）、缓冲区（buffer zone）、源间连接（inter-source linkage）、辐射道（radiation routes）与战略点（strategic points）五个部分[3]，而有效费用距离模型（effective costdistancemodel）[4]，即最小费用距离模型[5]是建立景观生态安全格局的重要基础，根据此模型建立有效距离阻力面，然后，根据阻力面来判别建立生态安全格局。有效距离模型是指从"源"穿过不同阻力的景观要素所花费的费用[6]或者克服

---

[1] Yu Kongjian. Security patterns and surfacemodel in landscape ecological planning〔J〕. Landscape and Urban Planning, 1996, 36(5): 1-17.
[2] 张惠远, 万军. GIS支持下的山地景观生态优化途径〔J〕. 水土保持研究, 1999, 6(4): 69-74.
[3] 俞孔坚. 生物保护的景观生态安全格局〔J〕. 生态学报, 1999, 19(1): 8-15.
[4] Adriaensen F, Chardon J P, DE BlustG, et a.l The application of 'least-cost' modeling as a functional landscape model〔J〕. Land-scape andUrban Planning, 2003, 64: 233-247.
[5] Kaaapen JP, SchefferM, HarmsB. Estimating habitat isolation in landscape〔J〕. Landscape and Urban Planning, 1992, 23: 1-16.
[6] 陈利顶, 傅伯杰, 赵文武. "源""汇"景观理论及其生态学意义〔J〕. 生态学报, 2006, 26(5): 1444-1449

障碍需要的最小阻力功[1]，它是可达性[2]（也称可接近性）的一种度量。还可以用最小累积阻力（minimum cumulative resistance，MCR）等概念来表示。它与欧式距离（Euclidean distance）的最大区别是它代表抽象的距离概念，表示从"源"到最近目标的累积费用距离，也就是物种在移动与扩散过程中，穿过不同景观要素或土地利用/覆盖类型所要克服阻力做的功的大小。这个模型工具最初起源于理论地理学，在土地与物种管理保护项目中逐渐得到大多数研究者的应用[3]。既要考虑目标物种本身，还要考虑它所在的生态系统及有关生态过程，既要重视保护区，还要重视保护区与周围环境的关系，即问题（物种的稀有或濒危）发生在一个层次（种群），而问题的解决（保护和管理）需要在更高层次（整个景观上）。因此，生物保护战略应从单纯的目标物种途径扩展到区域景观途径[4]。

九 旅游开发的环境影响分析

1. 旅游资源与环境价值评估

1）旅游环境的旅游适宜性评价

旅游适宜性评价：气候适宜性、运动适宜性等

旅游景观价值评价：景观质量

2）旅游资源的自然生态价值评价

生物多样性价值评价。生物多样性保护是可持续发展的重要目标，是旅游开发

---

[1] Pantoula Nikolakaki. A GIS site-selection process for habit creation: estimating connectivity of habitat patches [J]. Landscape and Urban Planning, 2004, 68: 77-94.
[2] 张玉虎，塔西甫拉提·特依拜，陈学刚. 基于GIS的新疆主要旅游景区可接近性分析研究[J]. 云南地理环境研究, 2004, 16(4): 41-43.
[3] Adriaensen F, Chardon J P, DE BlustG, et a. l The application of 'least-cost' modeling as a functional landscape model [J]. Landscape and Urban Planning, 2003, 64: 233-247.
[4] 李晓文，胡远满，肖笃宁. 景观生态学与生物多样性保护[J]. 生态学报, 1999, 19(3): 399-407.

中必须重视的问题。但是在旅游环境评价中，却很少进行生物多样性价值的评价。生物多样性指标反映的是区域生物多度和种群丰度，多样性指标包括：群落多样性、生境多样性、物种多样性、物种的相对丰度等。

物种、生境和生态系统的稀有程度评价，用来评价物种、生境和生态系统在自然界现存数量的稀有程度。包括稀有物种、稀有群落和稀有生境、稀有自然遗迹等。稀有性分为世界稀有、国家稀有和地方稀有等层次。稀有性分为若干类型，如广泛分布的稀有类型；具有严格分布区域的地方特有种；具有地理分离的种群，处于物种分布区边缘的种群；现存数量很少的濒危种等。

群落或生态系统的代表性评价。度量群落或生态系统与所处的生物地理区域的群落或生态系统的相似程度，即能否代表所处生物地理区域的生态系统特点，包括生物物种的代表程度，生物群落的代表程度，生态系统的代表程度等。

生态系统的面积适宜性评价。生态系统、物种维持能量和结构的稳定性需要一定的有效面积，根据所需最小有效面积和实际面积评价生态系统的面积适宜性。

生态环境的自然性评价，用来评价生态环境受人类活动的干扰或遭受人为破坏的程度，生态系统的自然性越高，生态价值越大，保护价值越高。根据人为影响，自然性分为保持原始自然状态的完全自然型；受到人类干扰，但系统结构无明显改变的受扰自然型；原始生态系统已完全改变，以人工生态系统为主的自然恢复型。

生存威胁性评价包括生态系统自身的脆弱性以及来自人类的威胁程度。威胁性分为保护区受威胁的程度和物种受威胁的程度，受威胁的程度分为严重受威胁、已受威胁和未受威胁。威胁度分为濒危、稀有、渐危、安全种。

3）旅游资源的经济替代价值

指相同环境用来发展其他经济活动而可能形成的经济价值，如林区旅游业和林业的相互替代，牧区旅游业和畜牧业的相互替代，海滨区旅游业和海水养殖业的相互替代等。如果替代产业的经济价值和生态价值低于旅游业，则旅游业是较优的产业选择。如在可砍伐树木资源濒于枯竭的森林区发展旅游业可以减少森林砍伐量，促使森林更新，提供新的就业机会；在过牧的草原区发展旅游业可以减少载畜量，有利于草场更新。

4）旅游环境的自然生态环境质量评价

替代价值：在这些地区以旅游业替代其他产业，所产生的经济和生态价值均高于原有产业，旅游业可以作为原有产业的替代产业或补充产业。城市附近的海湖泊和河流一般是城市水源地或后备水源地，作为城市水源地的经济价值高于旅游价值，所以不宜进行旅游开发。海滨的旅游经济价值和海水养殖价值是相互矛盾的，旅游业的发展使海滨生态环境发生根本变化，海滨海水养殖价值降低或丧失，在具有很高海水养殖价值的海滨发展旅游业必须对发展旅游业可能产生的经济价值与海产品养殖的经济价值进行对比。

2. 旅游开发的环境影响

1）环境影响：旅游开发建设改变地表结构

旅游开发建设对生态环境的影响主要包括旅游交通网络建设、接待服务设施建设对地表结构的改变，进而造成的生态环境的变化：

旅游交通建设的生态环境影响表现为：游览道路必须深入到旅游环境的核心区域，形成镶嵌在原有环境之中，而将原有环境分割了的人工建筑物，由此可以带来一系列环境后果，形成一个生态和景观的破坏廊道。

2）环境影响：旅游道路的廊道效应

生态阻隔效应：游览道路对环境产生分离和阻断作用，将生境分割成独立的块状，破坏了生境的连续性，使旅游生态环境变得破碎和脆弱，对地面动物形成一道不敢越过的屏障，动物活动空间缩小，对珍稀动物的保护构成威胁。

小气候效应：道路建设改变了地表的下垫面性质，热反射率大、没有地表蒸发，形成景区内的高温廊道。

污染廊道效应：游览道路的建设诱发旅游服务向道路两旁集中，污染源呈线型分散，不宜控制和治理，形成沿道路的污染带。

3）环境影响：生态系统效应

当地所没有的植物和动物，旅游观赏植物和动物的引进，改变了当地物种结构，对生态系统的演化产生影响。

生态系统的完整性受到影响。规划接待服务设施，必须清除地表植被，对原地貌进行填挖改造，地下铺设管道，改变地下水环境，这种景观格局的变化随着旅游开发规模的加深而加剧，最后导致景观结构和功能的彻底改变。引起小气候改变，蓄水保土功能丧失等。

4）环境影响：城镇化效应

旅游业是劳动密集型产业，旅游业发展到一定程度后，将出现城市化现象，人口集聚，引发社会问题。

原有自然生态系统将逐步转化为人工生态系统或半人工生态系统，随之出现一般城镇所面临的共同的环境问题，包括各种水、气、声的污染。污染可能是局部的，也可能影响到整个旅游环境质量。

5）人文生态系统的影响

旅游开发改变当地社区生产、生活和土地利用方式：部分或全部原来从事农业或林业的人口转向旅游业；

社区经济结构的变化：第三产业得到发展；

土地利用形式的变化：大量土地变为娱乐与居住用地，地价上升；

造成社会结构的变化：大量外来人口涌入，流动人口迅速增加；

社会心理的变化：受到非本土文化的冲击。

3. 旅游容量与门槛人口——生态旅游规划的理论依据

1）旅游门槛人口概念

指在保证旅游业经营成本和收益平衡的基础上确定的最低客源规模。如果低于这一客源规模，将出现经营亏损。

决定旅游门槛人口的因素包括旅游区开发建设的资金投入规模、利率水平、利税体制、旅游者消费水平等。

旅游开发成本越低、旅游者消费水平越高，旅游门槛人口数量越小，越容易获得经济收益。

2）旅游环境容量与门槛人口的关系

指在对旅游环境不产生永久性破坏前提下的最大游客数量，如果大于这一数量，将对环境造成永久性破坏。对于一个旅游区，如果：

门槛人口数量<环境容量，旅游接待人数在小于环境容量的情况下，仍可获得经济收益，并且不对环境产生永久性破坏。

门槛人口数量>环境容量，发展旅游业可能造成两种后果：

（1）如果以经济效益为标准，游客人数必定超出环境容量，造成环境破坏。

（2）如果以保护环境为标准，游客人数必须低于环境容量，同时也达不到门槛人口数量，旅游业难以获得经济效益。

3）不同区域的门槛人口差异

以自然旅游资源为主的地区发展旅游业必须进行旅游业门槛人口和环境容量的评估，只有当环境容量大于旅游业门槛人口的时候，发展旅游业才是可行的。

在发达地区和大城市及周边地区发展旅游业，由于旅游道路交通、通信等基础设施建设量小，旅游业运转费用低，旅游业门槛人口小，是旅游业的低成本区，旅游业最易获得经济效益。

在交通不便、经济不发达的偏远地区发展旅游业，旅游基础设施建设量大，运行费用高，旅游投入大于发达地区，门槛人口数量高。同时由于不具备必要的环境保护设施，环境容量相对较小，旅游业门槛人口常高于环境容量，旅游开发极易对环境产生较大的破坏。

4. 环境规划方法

将道路和设施建设可能产生的不良环境影响限制在合理范围内是规划的基本原则。

体现这一基本原则的标准是旅游环境的用地容量，即不对环境产生不可恢复性破坏的最大用地容量，旅游规划必须确定最大用地容量。

在规划中可以通过一些特殊的建设方法扩大用地容量。

1）采取特殊道路跨越法

对于敏感性的旅游环境，如野生动物保护区、河口湿地、特殊景观区，游览道路的建设必须按照环境敏感目标进行道路的生态效应分析，采取必要的保护措施，规划特殊类型的游览道路，如利用桥梁、索道跨越等。这些方法虽然对空中的景观质量的影响较大，但对地表生态环境的影响相对较小。

2）生态恢复工程

在道路和设施建设的同时，进行生态恢复建设。包括恢复一切由于建设造成的周围环境的破坏：

恢复地形地貌；

恢复原有植被。

3）布局法和环境协调

集中布局：将旅游服务接待设施集中布局在一个区域内，并与主景区保持一定的空间距离，将设施建设对景区环境的影响减少至最小，在景区外形成一个功能完整的旅游服务区。这种布局方式适用于需要严格保护的原始自然景观区。

环境协调：控制建筑物的体量、高度和密度，使其与环境融为一体，这种布局方式适用于要求有良好旅游居住环境的度假类旅游区。

4）旅游环境规划考虑的其他内容

接待设施的规划除考虑用地容量外，还要考虑景观容量，景观视觉效果、功能区类型、用地规模、建筑风格、所要创造的环境氛围等，应以不破坏旅游景观为原则。

接待设施的建设必须与旅游区整体景观特征、自然和文化环境相协调，根据景观特点确定设施高度、建筑密度、颜色、体量、形状、容积率等。

基础和接待设施建设要以环境保护为技术导向，节能、节水、污染物治理是规划中要充分考虑的问题。

旅游环境容量

旅游景区的容量特征和景区客流变化规律能直接和定量化地反映旅游产品供给与需求的平衡关系。旅游景区的容量体现了旅游产品的供给能力，旅游景区的客流规模和变化趋势体现了旅游市场对这一产品的需求特征。通过分析不同类型的旅游景区容量和客流规模的变化特征，以及二者之间的关系，定量化地分析此类旅游产品供给与需求的适应程度，并据此提出北京市旅游产品开发方向、空间布局和旅游客流的调控对策，通过有效措施缓解热点旅游景区过分拥挤，超负荷运转，同时一些景区客流稀少，经济效益差的局面，为游客提供合理的旅游空间和较高的旅游环境质量，最大限度地提高北京市现有旅游景区资源的利用水平，为北京市旅游业创造良好的社会环境和经济效益，保证北京市旅游业的健康、有序发展是本研究的主要意义和根本目的所在。

与一般的旅游容量研究侧重于理论探索不同，本研究不仅要在容量测算的方法方面进行探索，力求在理论方面有所突破，更重要的是要与北京市的具体实际紧密结合，为旅游业的管理提供简明易懂、具有可操作性的调控依据。

进行旅游景区容量研究的目的不是对超负荷的热点景区进行人为客流控制，削减进入景区的客流数量，将到景区游览的游客拒之门外，而是通过合理的调整、预报，使游客在时间上的分布更趋于合理。通过将高峰时段的客流量转换到低谷时段，给游客提供一个良好的旅游环境，减小景区资源的损耗程度和损耗速度，同时也使景区的资源得到更充分的利用，最大限度地保证景区经济效益。

研究内容包括如下三个方面的内容：

旅游景区容量测算方法研究，包括现有研究成果的综述，现有研究成果存在的问题分析和本研究所采用的方法等。

旅游景区的容量测算，包括单个景区的容量测算，不同区域和不同类型景区的容量测算，北京市景区的总体容量测算，景区容量的空间分布特征。

旅游景区客流变化特征分析，包括不同类型景区的客流年变化规律，客流集中度分析和客流饱和度分析。

旅游景区空间布局调整建议，根据旅游景区容量特征和客流变化特征提出景区建设方向和建设内容的调整、空间布局和管理政策调整等。

1. 旅游容量概念的形成过程

由于旅游开发规模和开发潜力与旅游资源赋存环境的容量存在密切的关系，所以旅游景区容量研究一直是旅游景区规划的基本内容，是确定景区开发建设规模和预测经济效益的基本依据，也是旅游开发理论研究的重要组成部分。

从20世纪60年代起，很多国内外学者都就旅游容量的定义、容量概念的类型划分和容量测算的定量方法等几个方面进行过研究，并形成一系列研究成果。

容量概念最初始于生态学和环境学，生态学将环境的容量定义为：生态环境所能容纳的某种生物的最大数量。环境科学则将环境容量定义为：在人类生存和自然环境不受损害的前提下，某一环境所能容纳的污染物的最大负荷量。

旅游容量的概念出现于20世纪60年代，首先由La Page提出。旅游容量的概念最初是与旅游生态环境的保护联系在一起的，但是由于当时旅游造成的环境问题还不十分突出，所以旅游容量的研究没有得到充分的重视。

20世纪70年代，生态学家和环境学家首先开始关注旅游容量的研究，所以旅游容量的定义在某种程度上受生态学的容量概念的影响。关于旅游容量的基本定义一般是：在不对环境造成不可恢复性破坏的前提下，旅游环境对旅游者的最大容纳能力。

20世纪70年代末，由于世界旅游业飞速发展，旅游人数快速增长，旅游接待地的环境问题日益突出，世界旅游组织和其他国际旅游组织开始重视旅游环境容量的研究。世界旅游组织将旅游环境容量定义为："在不对资源造成负面影响、不降低旅游者满意程度，或不给当地社会、经济和文化带来问题的前提下，对旅游景点的最大利用"。

2. 旅游容量类型

虽然旅游容量概念来自于生态学理论，但是在实际应用中，旅游容量的内涵与生态学和环境学的环境容量内涵有根本区别，简单借鉴生态学和环境学的容量定义很难概括实际的旅游容量。

生态学和环境学的容量概念是单标准的，是在单一环境标准下，环境对某种物质或事物的容纳量。旅游容量是多标准的，旅游容量的衡量标准不仅包括自然因素，还包括社会文化和心理因素。

旅游容量有多种度量分量：旅游环境容量、旅游生态环境容量、社会容量、心理容量、旅游设施容量等。由此形成了一个关于旅游容量的概念体系。例如美国学者克赖格·林德伯格（Kreg Lindber）将旅游容量划分为生态容量、心理容量和社会容量三个方面，并对每一容量给予定义。目前关于旅游容量的类型和定义可以概括如下：

旅游地生态环境容量：在一定技术水平和管理水平下，旅游环境可以承受的旅游者的数量，具体指旅游地生态环境自身恢复能力所允许的游客数量，超出这一数量将对旅游地环境产生不良影响。计算的基准参数是一定时间内，环境可以自净游客产生的污染物的数量与人工处理量之和除以单位游客产生的污染物的数量。

旅游地的心理容量：指旅游者对旅游地拥挤程度的心理承受能力的最大数量，超出这一最大值，旅游者的满意程度将下降。计算的基准参数是单位游览面积容纳的游客人数，这一人数乘总面积为心理容量。

旅游地的社会容量：指旅游地社区对旅游者数量的承受能力的最大数量，超出这一数量，旅游地居民将对旅游业产生抵触情绪。计算社会容量的基准参数是通过调查得出的旅游人数和当地人数的合理比值，这一比值乘当地总人口数为社会容量。

旅游地的设施容量：指旅游地设施规模对旅游者数量的容纳能力。以旅游食宿设施的实际容量来计算。

旅游地的容时量：指旅游者在旅游地完成全部旅游活动所需的时间。不同旅游活动类型的旅游地具有不同的容时量。例如度假性旅游区容时量长达几天，而观光型旅游区容时量仅有几个小时。单位时间内的容时量为游客周转率，周转率乘游客容量为单位时间的游客容量。

旅游地生态环境容量、心理容量、社会容量和容时量在一定时段是不可调节的确定量，但设施容量是可调节的变量。在旅游规划中，为保证设施建设规模的合理性，旅游设施容量必须与其他容量相匹配。设施容量一定要小于旅游生态环境容量，否则将造成旅游设施过剩（为保护环境控制游客人数小于旅游环境容量）或环境破坏。

3. 旅游容量测算方法

虽然对于旅游容量的定义已经有多种，但是由于旅游人数与容量的影响要素之间的定量关系很难确定，如旅游环境容量和旅游心理容量等与多种因素存在关联，而这种关联关系很难定量。所以目前旅游容量的研究大多停留在概念和定义阶段，对于容量的量纲以及容量的计算方法仍未形成一个完整的体系，很难形成相应的定量测算方法。

而在实际应用中，由于旅游环境管理，旅游规划等常常需要对旅游容量进行测算，通过容量测算预测旅游业发展的潜在规模，所以旅游容量的定量化又是十分必要的。

由于影响旅游容量因素的复杂性和实际资料的不可获得性，在实际应用中，旅游容量的测算几乎全部被简化为确定游客密度和周转时间或游客密度和游客流速来进行计算，所不同的仅仅是在密度指标标准的选择方面有所差别。景区游客密度容量所测算的指标是在给定每位游客在景区内所占有的一定的空间面积标准或线路长度标准条件下，并在一定的时间长度内，旅游景区所能够接待的游客数量，即在指定的时间长度和游客密度下，旅游景区可接待的游客数量。在游客的游览区域为面状区域时，游客密度标准常采用面积标准，在游客的游览区域为线型区域时，游客密度标准常采用线路标准。时间长度常采用每小时容量、每日容量或每年容量等不同的时间长度进行测算。

目前最常用的旅游容量的游客密度测算方法有面积测算和游道测算两种方法，测算出的容量指标分为即时容量和日容量。即时容量基本按照人均游客密度测算。在以道路为主的线形景区中，以人均占有的道路长度作为容量指标。在游客密度指标的确定方面研究者只能根据经验来确定，带有很大的主观性，所以有关旅游容量定量测算的指标系数往往很难形成统一。

在确定容量指标时，又将旅游容量划分为旅游合理容量和旅游最大容量。一般将合理容量定义为旅游者感知的满足程度，即旅游者平均满足程度最大时，旅游场所容纳旅游活动的能力被视为旅游资源的合理容量值。所以，旅游景区的合理容量事实上同旅游感知容量同值。但是对如何测定游客感知满意的程度以及游客感知满意的比例仍没有确切的、被公认的指标。旅游最大容量指最大的旅游承受能力。但是在实际应用中，最大容量很难确切测定，因此在现实的容量规划中，往往以从其他类似的旅游景区获得的经验作为基本指标。

在我国，由于旅游景区环境问题和一些热点景区超负荷运行的问题比较突出，所以容量测算成为旅游研究和景区规划的重要内容。一般情况下，在旅游景区容量的定量研究中，旅游景点或景区所能容纳的游人密度的上限或一定时间内所能容纳的游人的数量常常被用作容量指标。

1）用游人密度法和周转时间计算景区的时容量和日容量：

环境日容量面积测算法：

$C=(S/E) \times P$

其中：S 为可供游览的有效面积

E 为同一时间每位游客活动所必需的最小面积

P 为周转率

环境日容量的密度或完全游道测算法：

$C=(L/I) \times P$

其中：C 为环境日容量（人次）

L 为游道全长（米），I 为每位游客占用的合理游道的长度或面积

P 为周转率

目前国内的旅游容量计算大部分是采用上述方法进行计算的。这种方法计算旅游容量的前提有两个：

第一是景区内没有热点区域和冷点区域，游客在景区内相对均匀分布。

第二是计算出的日容量是假设在每一周转时间内，游客的流量是相同的，没有高峰和低谷的变化。

而实际情况是在这种容量控制下，虽然景区全天游客人数控制在日容量范围内，但是早晚时段游客密度稀疏，达不到容量的密度指标，中间时段游客密度较大，超出容量的密度指标。

2）分区域计算景区容量的测算方法

在大多数景区，游客是不均匀分布的。虽然在大多数情况下，游客的平均密度并不大，但是由于某些区域游人高度集中，另一些区域则游人稀少，以至于游人集中的区域已经达到或超过最大密度，但是景区平均密度仍未达到最大。

在上述情况下，如果按照面积法计算出的合理容量进行容量控制，必然出现景区平均的游人密度没有超过密度指标，而实际上景区内某些地段游人密度超出合理密度的情况。所以在实际测算中，常常采取更为精确的计算方法，即将景区内划分为热点区域和一般区域或游览景区、游览道路和非活动区，按照游人在不同区域的分布特点，分别计算三个区域的容量，总容量为三个区域容量的合。计算公式如下：

$$T = \sum D_i + \sum R_i + C$$

$$D_i = \sum S_i$$

式中：T 为旅游地容量，D_i 为第 i 类旅游景区容量，R_i 为第 i 个景区内道路容量，C 为非活动区接纳游人量；S_i 为第 i 类旅游景点容量。这种测算方法在一定程度上克服了由于游客分布密度不均匀造成的不合理性。但是在实际应用中，由于不同区域的实测资料和游人分布数据很难获得，所以缺乏通用性。

3）按照密度、流速和周转时间测算日容量

这种方法主要应用于线型景区，采用人均占有的合理道路长度和流动速度计算全天容纳的合理游客数量。计算公式是：

$$D_m = L/d', \quad D_a = (V \cdot T)/d'$$

其中：D_m 为即时游客容量（人），L 为线路长度（米），d' 为游客合理间距（取2.5~5米/人）；D_a 为日游客容量（人），V 为游客的平均游览速度（现场测），T 为有效游览时间

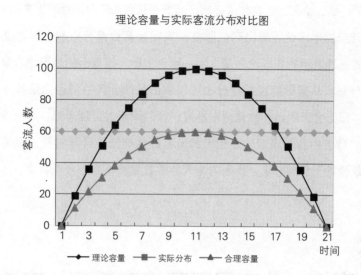

4）以限制性因子为指标计算容量

在实际中，限制景区容量的往往是一些瓶颈因素，如景区内存在的道路交通瓶颈，设施瓶颈等，用瓶颈区域的容量进行容量测算，更能表达景区实际的容量状况和旅游者在景区内的流通状况。实际上密度测算法就是将空间作为限制容量的主要瓶颈进行测算的。

在度假区的容量测算中常常将度假区的设施容量作为容量测算的依据，在游乐园的容量测算中将游乐设施作为测算依据。

4. 测算方法中存在的问题

在景区的容量测算中，客流在全天不同时段的显著变化特征使得用密度与周转时间计算出来的容量很难反映景区的实际容量情况，更无法在实际中应用。

首先，按密度容量和周转时间计算容量的前提是假设全天景区内游客均衡分布，从景区开门接待游客到关门这一全天的时间周期内，景区内客流量均匀分布，也即全天客流流量分布为一条直线。但是实际情况是景区内的客流分布呈抛物线状分布（对4个样本景区的客流分析证明这个规律是成立的），在这种分布规律下，景区日接待量如果与计算出的容量一致，那么必然有一段时间，景区内客流超出密度容量，处于拥挤状态，而其他时间低于密度容量。而如果要求全天最高峰时段的游客刚好是密度容量，那么全天的游客数量必然远远低于按照周转时间计算出来的日容量。

上图显示的是理论计算出来的容量、实际游客数量分布和合理容量的对比关系。蓝色的直线表示的是理论容量水平，粉色的抛物线表示的是理论容量水平下的实际客流分布。从实际游客数量分布可以看出虽然全天的游客数量与理论容量相同，但是实际上全天的游客数量分布是有一段时间超过合理容量，有一段时间低于合理容量。黄色的曲线表示的是全天的游客数量都低于合理容量，但是最高峰时段，游客数量等于合理容量，景区内全天游客数量都不高于合理容量。

十一、案例—北京景区环境容量测算方法

1. 测算指标和方法选择

1）指标选择

按照测算数据的可获得性，北京市旅游景区容量测算指标主要进行游客密度容量指标的测算，测算指标包括以下四个游客密度容量指标：

景区合理即时容量：指任何时刻景区内可以容纳的游客数量，基本标准为游客心里没有任何拥挤感觉，同时景区空间得到合理利用时景区内容纳的游客数量。

景区合理日容量：景区全天游客数量在合理即时容量以下，但是最高峰时刻游客数量达到即时容量时的全天游客数量。合理日容量的值取决于合理即时容量占全天游客数的比例，这一比例数要通过实地调查统计获得。

景区最大即时容量：指合理容量的最大弹性容量，以能够保证游客正常游览和景区资源不受到破坏为原则。一般以自然环境为主的景区的弹性系数为30%，以人文景观环境为主的景区的弹性系数为50%。

景区最大日容量：指合理日容量的最大弹性容量，一般以自然环境为主的景区的弹性系数为30%，以人文景观环境为主的景区的弹性系数为50%。

2）方法选择

根据景区的实际情况，密度指标的测算分别选择面积法、线路法进行测算，对重要景区辅助以瓶颈法进行测算。主要方法如下：

（1）即时空间容量测算采取面积法或线路法进行测算。测算的空间指标参照常规容量测算指标，并根据景区的实际情况进行适当修正。

（2）日容量测算采用周转率方法进行测算，周转率指标参照同类型区域的动态调查结果来确定。

为避免常规容量测算中采用周转率而造成的测算结果失真问题，本研究采用典型案例动态研究和常规调查静态研究两种途径和方法进行容量研究。典型案例动态研究主要研究景区客流的日分布规律，目的是通过客流的日变化特征获得游客周转率。静态研究主要通过调查研究景区的空间结构，并借用动态研究的客流分布数据测算景区容量。

2. 技术路线

研究分三个步骤进行：

1）文献研究

广泛收集国内外有关旅游容量研究的文献，全面了解国内外有关容量的研究现状和容量的测算方法，编写旅游容量研究资料综述。在对目前研究现状充分了解的基础上，根据北京市旅游景点的实际情况制定相应的研究方案和设计技术路线，编制工作大纲。

2）样本研究

第二步是按照研究方案对重点区域进行容量研究。在与重点景区进行充分座谈，了解基本的游客接待状况的基础上，对被测景点连续进行2~4天的游客流量实地调研，获得被测景点全天的游客出入流量分布的精确统计数据。在获得被测景点的完整的游客动态流动数据后，通过计算获得样本景区每一时段的游客数量分布图。

第三步是对样本景区的数据进行处理，归纳不同旅游景区在不同时段游客流动变化规律，高峰时段出现时间和高峰时段持续时间等。同时研究样本景区的空间结构特征，确定限制容量的关键因素，由此确定每一景区容量测算的具体方法。

3）全面测算

在进行样本研究的基础上，对北京市大多数旅游景区进行全面的调查，调查内容包括旅游景区的基本概况、旅游景区的空间数据、旅游客流的日变化、年变化数据等。通过基本空间数据测算景区容量，通过客流变化规律，分析旅游产品供给与需求的关系，并据此提出调整建议。

3. 数据获取途径

所研究景区客流分布的时间规律和景区的空间结构数据是本研究所需要的基础数据。所以本研究所需要的数据分为两个部分：游客日变化数据和景区静态空间数据，两类数据采用如下不同方法获得。

1）动态数据的获得途径

动态数据主要是指旅游景区的客流变化数据，包括可获得的客流统计数据和必须通过实地调研获得的客流日变化数据：

景区客流的日分布数据：即在一年内，景区每月和每日的客流量，通过这些数据，可以分析景区客流的月变化和日变化规律。这部分数据通过景区提供的统计数据获得。

旅游旺季景区内的全天的客流流动数据：即景区内全天客流数量变化数据。由于这部分数据是动态数据，景区不做统计，所以必须通过实地统计才能获得。分析的主要目的是获得景区最高峰时刻游客人数和全天游客人数的比例关系，从而获得景区的周转率。

2）静态数据调查

景区内部的空间结构数据，即景区的占地面积、各种类型用地面积的比例，以及游客流动的主要路径、主景区和非主景区的面积比例等。游客在全天的流动规律和景区内部的空间结构特征是景区容量测算的最主要的依据。

由于填写过程中部分景区表缺失必要容量测算的基本数据，部分重要景区没有填写调查表，所以造成部分数据缺失。为了保证容量测算所包含景区的完整性，采用其他估算方法进行基本数据估算。包括根据建筑面积估算室内有效游览面积，根据景区总面积估算景区有效游览面积等。

4. 样本景区容量测算方法

1）测算方法

北京主要景区游客数量存在着巨大的月变化和日变化，即使在每日不同的时段也存在巨大差异，表现为每日出现明显的高峰时段和低谷时段，使得景区出现虽然日接待量并不十分大，但是在高峰时段景区内仍十分拥挤的现象。所以一般容量计算方法与实际有很大的差距，很难应用，不能作为制定容量管理对策的依据。

针对目前容量计算方法中存在的弊病，本研究不简单从密度容量和周转率来测算景区的静态容量。而是通过对每一个景区客流的流动数据统计，得出景区高峰时段游客数量与全天游客数量的比值规律，通过这一规律推算不同接客流量下，高峰时段的游客量以及高峰时段出现的时间和延续的时间。根据景区用地的空间结构，测算出全天不同时段的游客密度，从而得知每一时段景区内的游客密度。

这种计算的应用价值在于本研究提供的不是一个简单的静态容量数据，而是提供一个实际的客流分布曲线，使得景区可以通过这条分布曲线确定景区内实际的客流状况，由此确定管理对策。

具体的客流统计过程和计算方法如下：

在所研究的景区入口和出口统计进入景区的客流速度和流出景区的客流速度，统计的时间间隔是15分钟。通过流入和流出速度计算每一时间点景区内实际存留的游客数量，由此得到景区内全天游客的实际数量在时间上的分布曲线和最高峰与最低谷时游客的数量，以及高峰时段延续的时间长度。

根据全天景区游客量的时间分布曲线，模拟出不同接待量下景区内全天的游客分布数量曲线，得到最高峰时段的游客数量和高峰时段延续的时间长度。

具体的测算方法是在游客接待的高峰月中的高峰日（周末）和一般日统计游客

出入速度。统计时间是2001年8月2日~8月5日4天内，这4天包含星期四、五和星期六、日。记录的时间间隔是15分钟，将每一个时间点累计的所有出入口的进入人数减去流出人数得到这一时间点景区内的实际人数。计算公式为：

$Si = \sum Ri - \sum Ci$

其中：Si为某一时间点景区内游客的实际人数

Ri为第i时段（15分钟）内流入景区的游客人数

Ci为第i时段（15分钟）内流出景区的游客人数

时段$i = 1, 2, 3 \cdots, n$

2）测算结果分析

通过上述统计计算，获得景区内游客在时间上的分布曲线，从分布曲线，可以获得如下客流分布规律：

所研究景区客流在时间上的实际分布特征；

高峰出现的时间和延续的时间长度；

高峰时段的游客数量；

高峰时段游客数量占全天游客数量的比值；

每一时段景区内的游客密度；

不同时段游客的游览周转时间。

与一般容量研究相比，这种方式获得的不是一个单一的容量数据，而是上述一组数据，这一组数据反映了景区的真实的客流状况，是制定容量管理对策的基本依据。

景区游客的日变化特征直接影响到景区的资源利用效率和利用的合理性。对于一个全天高峰和低谷十分显著的景区而言，资源利用效率相对较低，资源利用的合理性较差，管理难度也较大。而对于一个全天游客变化较为平稳的景区，资源利用效率较高，资源利用的合理性较高。因此游客的日内的动态变化规律是进行景区容量测算的最重要的依据。

对于全年的客流分布也有如下规律，在相同游客规模下，游客在全年分布相对均匀的景区其资源有效利用率较高，景区管理难度较小，而分布严重不均衡的景区，资源有效利用率较低，景区管理难度较大。主要表现为在旺季高峰期，需要大量的管理和服务人员，而淡季又有大量人员闲置。为应付旺季服务人员不足和淡季服务人员过剩的问题，很多景区不得不采用季节性召用临时人员的途径解决人员需求的季节变化问题。但是随之带来的问题是召用的临时人员缺乏必要的职业技能，造成旅游服务质量不能保证等问题。

在容量值的测算方法的选择方面，不只选择一个静态指标，而是按照景区客流在时间上的分布和景区最热点区域测算不同接待量下，高峰时段在景区内的热点区域的游客数量和密度，并制作日游客量与热点区域拥挤程度关系表，由表中可以查到任何游客量下热点区域的游人密度，为制定相应的管理对策提供依据。

5. 批量景区容量测算方法

根据不同类型的景区的实际空间结构特征，决定景区采用面积法或线路法进行容量测算，或同时采用两种方法分区进行测算。按照景区类型，形成以下几种容量测算类型，不同类型景区采用不同的测算方法和测算指标：

1）园林类

调查对象：主要指以人工园林为主的游览景区，主要分布在城区。园林类景区分为三种类型：

（1）以旅游观光为主要功能的园林，主要接待对象是旅游者。

（2）同时具有旅游观光和城市市民休闲功能的园林，主要接待对象包括旅游者和本市居民。

（3）以城市市民休闲为主要功能的园林，主要接待对象是本市市民。

北京市大多数园林为同时具有旅游观光和城市市民休闲双重功能的园林。

测算方法：主要采用面积法计算容量，决定园林景区旅游容量的主要限制因素是有效游览面积，即园林的铺装面积，主要包括道路和广场的面积。容量测算采用人均占有的有效游览面积测算即时容量。日容量的测算采用同类型样本景区高峰时段游客数量占全天游客数量的比例。按照游客对不同区域景区的心理期待差异原理，市区园林与郊区园林采用不同的空间指标，市区园林容量的空间指标小于郊区园林的空间指标。对于缺失铺装面积数据的园林采用总空间指标进行测算。

2）山岳和峡谷类

调查对象：主要包括峡谷自然风光类景区，游览线路以沿峡谷的线型游览线为主。

测算方法：由于峡谷类景区视域空间狭小，游览线路固定性强，所以在游客同样心理感受的前提下，游客空间指标必须高于空间开放性好的景区类型。游客游览方式以线路游览为主，游览线路的长度是决定景区容量的最主要因素，所以主要采用线路法进行容量测算。

空间指标：根据游客不同区域集聚程度不同的活动规律，景区划分为主要游览线路、次要游览线路和辅助游览线路三个指标进行测算。主要游览线路长度一般不超过3000米，次要游览线路长度一般不超过2000米，辅助游览线路长度一般不超过5000米，总游览线路长度一般不超出过10000米。按照游客空间分布不均匀的特征，将游览线路划分为三段，每段采用不同的游客合理容量的空间指标。

3）洞穴类

调查对象：洞穴类景点主要指以洞穴内游览为主要游览内容的景点，北京市洞穴类景点主要集中分布在石灰岩地层集中分布的房山区和门头沟区，重点是石花洞、银狐洞、云水洞和栖霞洞。

测算方法：决定洞穴类景点的容量主要限制因素是洞穴的长度和游览线路的长度，以及高峰时段游客数量占全天游客数量的比例。容量测算采用游览道路法测算即时容量，采用同区域样本景区高峰时段游客数量占全天游客数量的比例测算日容量。

4）各种旅游场馆类

调查对象：主要指以室内观光为主的旅游景区，包括博物馆、名人故居、寺庙等。北京市共有70多处旅游场馆。

测算方法：采用室内有效游览面积法和室外有效空间结合的方法测算容量。对于以室内游览为主的景点，室内采用面积法测算容量，室外游客数量采用比例法确定。对于室内和室外游览结合的景点室外容量采用面积法测算容量。

5）游乐设施类

调查对象：主要包括以提供游乐设施和服务为主的旅游景区，包括各种大型游乐园。对于近年新兴起的滑雪场、高尔夫球场、赛马场的娱乐项目由于受资料的限制没有进行容量测算。

测算方法：采用设施容量的方法确定容量，提供主要娱乐设施的接待能力。即时容量采用景区内主要设施可以同时接待的游客数量，日容量采用高峰段时段游客数量占全天游客数量的比例和即时容量来评估。

十二 低碳旅游

1. 低碳经济的诞生及诠释

1）低碳经济概念的诞生

1972年罗马俱乐部发表了《增长的极限》一文，第一次对高能耗、高污染的传统工业文明和高碳经济的发展方式进行了深刻反思。1997年在日本京都通过的世界上以法律约束力来控制温室气体排放的国际条约《京都议定书》是引发低碳经济理念形成的触点。2003年英国能源白皮书《我们未来的能源—创建低碳经济》将低碳经济作为一个新概念提出。英国政府为了达到2020年CO_2排放量在1990年水平上减少20%，到2050年减少60%的目标，优化能源结构，大力发展可再生能源；调整能源政策，征收气候变化税和能源产品税；强调科技创新、发展低碳能源技术；全方位节能减碳。为推动家庭节能减碳，推广隔热保温建筑材料实现建筑节能；推广节能灯，采用LED绿色照明，淘汰白炽灯，实现照明节能；购买节能家电，如节能空调、节能冰箱、节能洗衣机、节能电脑等，实现家电节能；推广混合燃料汽车，鼓励使用自行车出行，实现低碳交通。

2）低碳经济概念的诠释

所谓低碳经济，就是以低能耗、低污染为基础的绿色经济。其核心是在市场机制基础上，通过制度框架和政策措施的制定及创新，形成明确、稳定、长期的引导和鼓励，推动提高能效技术、节约能源技术、可再生能源技术和温室气体减排技术的开发和运用，促进整个社会经济朝向高能效、低能耗和低碳排放的模式转型。

2. 低碳旅游—旅游业持续发展的目标

低碳经济是一种理念，更重要的是一种措施。它改变着中国人的生活方式。因此它是一种全新的旅游观念，它涉及旅游的三个主要方面—食、住、行。要在不降低质量的前提下，在旅游过程中进行节能和减少CO_2排放。

1）饮食节能

由人类食品结构变化导致的CO_2排放增加也是非常严重的。人类在食物链中，并非处于最高端，属于杂食。可是随着近代人类盲目提升在食物链上的占位，食谱过多偏向动物食品，一方面直接导致了人类普遍的身体超重和肥胖，并伴随着高血压、冠心病、糖尿病等疾病发病率的提升；另一方面也使渔肉产业迅速发展。2006年，世界肉类总产量已达2.76×10^8吨，渔业产量为1.4×10^8吨。估计生产每千克牛肉，需排放346千克当量的CO_2温室气体。通过旅游调整人们的饮食结构，既有利于人的健康，也有助于CO_2减排。

2）建筑节能

我国建筑及居民生活用能量很大，2004年我国城乡民用建筑面积约为400×10^8平方米建筑能耗已占总能耗的20.7%。数据显示，北方城镇建筑采暖、农村生活用煤1.6×10^8吨标煤/年，占我国煤产量的11.4%，建筑用电占全国电耗的27%~29%。预计到2020年全国城市人口比例将达到56%，约新增110×10^8平方米以上需采暖的民用建筑，2020年比2004年可能需增加2.5×10^8吨标煤，5.800×10^8~6.300×10^8千瓦小时用电。旅游建筑节能的主要目标是减少化学能源消耗，可以采用建筑物采暖、太阳能利用、推广节能灯等多种手段。

3）交通节能

随着汽车工业的发展，交通用能迅速增加，已在总能量需求中占30%的比例。

交通是旅游的重要支撑，节能空间很大。当前在汽车交通中其能量的利用效率并不高。汽油所含化学能在汽车汽缸中燃烧，经机械传动损失，达到车轮部分约为原能量的13%，车轮与地面摩擦能耗约占50%，余下的50%用于加速车身的部分约占95%，用于加速乘客的部分大致只占4%~6%，所以汽车交通运输过程中汽油的总能量利用效率仅为0.3%~0.5%。由此可以看出，发展旅游节能交通大有可为。

十三　旅游生态足迹

1. 生态足迹（Ecological footprint）的概念

生态足迹（Ecological footprint）[①]是由加拿大的生态经济学家William在1992年提出的，其定义是：任何已知人口（某个个人、一个城市或一个国家）的生态足迹是生产这些人口所消费的所有资源和吸纳这些人口所产生的所有废弃物所需要的生物生产土地的总面积和水资源量。

2. 生态足迹分析法

生态足迹分析法（Ecological footprint analyses，EFA）[②]是在生态足迹概念的基础上，由William的博士生Wackernagel1996年建立的，主要用来计算在一定的人口和经济规模条件下，维持资源消费和废弃物吸收所必需的生物生产土地面积。生物生产土地是生态足迹分析法对资源消耗进行统一度量的基础，又称生态生产土地，是指具有生态生产能力的土地和水体。生态足迹分析法采用供求关系体现可持续机制，通过将区域内的资源和能源消费转化为提供这种物质所必需的各种生物生

---

① Mathis Wackernagel, William E Rees. Our ecological footprint: reducing human impact on the Earth[M]. Gabriola Island, B. C. Canada: New Society Publishers, 1996, 1.
② Wackernagel M, Onistol, Bello P, et al. National natural capital accounting with the ecological footprint concept[J]. Ecological Economics, 1999, 29: 375-390.

产土地的面积（生态足迹需求），并同区域内能提供的生物生产型土地面积（生态足迹供给）进行比较，如果供给大于需求，则该区域处于可持续状态；如果需求大于供给，则该区域处于不可持续状态。

3. 旅游生态足迹（Touristic ecological footprints）

旅游生态足迹是生态足迹在旅游研究中的应用，是指在一定时空范围内，与旅游活动有关的各种资源消耗和废弃物吸收所必需的生物生产土地面积，即把旅游过程中旅游者消耗的各种资源和废弃物吸收用被人容易感知的面积观念进行表述，这种面积是全球统一的、没有区域特性的，具有直接的可比较性。根据测度对象和范围的不同，旅游生态足迹可以从旅游产业生态足迹、单个行业生态足迹、旅游产品生态足迹、目的地旅游生态足迹、瞬时旅游生态足迹、旅游企业生态足迹等角度进行界定。

4. 旅游生态足迹计算方法

旅游生态足迹的计算方法可以借用生态足迹较为成熟的方法。按照不同的数据获取方式，生态足迹计算方法分为两种[1]。第一种是综合法，自上而下地根据地区性或全国性的统计资料，查取地区各消费项目的有关总量数据，再结合人口数得到人均的消费量值，适合于大尺度生态足迹的计算；第二种是成分法，以人类的衣食住行活动为出发点，自下而上地通过发放调查问卷、查阅统计资料等方式先获得人均的各种消费数据，适合于小尺度生态足迹的计算。旅游生态足迹的计算一般采用成分法。

---

[1] 陶在朴（奥地利）. 生态包袱与生态足迹—可持续发展的重量及面积观念产[M]. 北京：经常科学出版社，2003：161~206.

第二章
非洲生态旅游开发与管理研究

FEIZHOUSHENGTAILVYOUKAIFAYUGUANLIYANJIU

Chapter Two

一 非洲国家公园和自然保护区的经营管理及借鉴

1. 肯尼亚

1）国家公园和自然保护区概况

肯尼亚在摆脱英国殖民统治后，狩猎旅游迅速发展。由于狩猎旅游的盛行，且缺乏科学的规划与良好的管理，严重影响了野生动物的生长与繁衍。为了保护肯尼亚的野生动植物，政府于1977年宣布禁猎令。政府通过强迫原住民迁离等办法，建立国家公园。肯尼亚共成立了26座国家公园、28处保护区和1处自然保留区，共占陆地面积的12%[①]。严格的保护措施，使肯尼亚58万平方公里的国土上保存有350多种野生动物、500余种鸟类，其中大型哺乳动物50余种。

2）国家公园的管理

国家公园（National Park）由国家野生生物服务署的一个部门管理，国家野生生物服务署派驻专门工作人员，在国家公园设立办公室，管理国家公园内部的所有事务，包括收取门票、基础设施建设、野生动物保护及设立公园警察等。按国家相关法律管理，国家公园在管理上比自然保护区更严格、规范。国家公园有明确的范围，有的以铁丝网隔开。国家公园办公室管理酒店和旅游车辆业务。酒店有的由私人公司投资，也有连锁酒店投资经营的。旅游车辆为私人或私有公司经营。除非在国家公园范围之外，否则旅游商店只有在国家公园内的酒店里才能设立。国家公园门票的20%、酒店等私人经营性收入的一部分要用于向国家交税。国家公园的剩余收入用于建设道路等基础设施。

---

① 张建萍. 生态旅游与当地居民利益—肯尼亚生态旅游成功经验分析[J]. 旅游学刊, 2003, 18（1）: 60-63.

3）自然保护区的管理

自然保护区（National Reserve）由各省地方政府（Local Authority）派驻专门工作人员，设立办公室进行管理。自然保护区的范围不固定，没有明确的隔离设施。如果自然保护区的管理水平跟不上，国家野生动物保护部门可以收回其管理权限，派驻专门工作人员进行管理。自然保护区内经营性收入也需要向国家交税。

4）相关管理部门

（1）国家旅游部

1976年肯尼亚成立旅游部，野生动物保护局是一个职能司局。随着以野生动物观光为主的旅游业逐渐发展，1990年旅游部更名为旅游与野生动物保护部，野生动物保护局也升格为半自治的独立机构。国家旅游部的职责主要有：负责对外广告、宣传营销；在旅游淡季推出更便宜的价格吸引国内游客旅游；规定国家公园或保护区必须修路等强制性要求等。肯尼亚旅游发展协会成立于1966年，其主要设立宗旨是协助有兴趣的私人企业取得政府的资金赞助，发展生态旅游，以此和其他外国投资者分享旅游收益。根据肯尼亚的法律规定，所有的旅游企业都需有部分股权为肯尼亚人所拥有，所以肯尼亚旅游发展协会的另一种重要角色就是扮演外国投资者和本国商人之间的中介者和联系人。肯尼亚旅游发展协会与国家旅游部不存在隶属关系，会长由选举产生，国家旅游部部长为旅游发展协会成员，另有酒店协会等行业协会组织。

1977年，肯尼亚宣布禁猎令，提出"用你的镜头来猎取肯尼亚"，用以替代狩猎旅游。这改变了狩猎旅游时代旅游活动大多是西方白人操控的局面，肯尼亚有更多的私人企业投入旅游业，出现了许多本国人经营的旅游集团、旅游服务公司，旅游业为当地居民带来许多就业机会。

为保证游客的安全，肯尼亚组建了一支正规、专业化的旅游警察部队，旅游警察部队隶属于肯尼亚旅游部。第一批共300名旅游特种警察已经训练完毕，配备有武器、警车等，将在所有主要的旅游景点巡逻执勤。肯尼亚的主要旅游景点还建立安全中心及闭路电视监视系统。[①]

[①] 刘莉. 非洲：五兽招徕八方客[J]. 瞭望新闻周刊, 2005（7）: 73.

(2) 野生生物服务署

20世纪70年代中叶，由于缺乏合理的规划与妥善的管理，肯尼亚一些保护区和国家公园的问题日益突出。1989年4月，肯尼亚政府解散了工作成绩不佳的野生生物保育暨管理部，成立了肯尼亚野生生物服务署。首任主席理查·利基（Richard Leakey）明确宣布保护野生动物是国家公园最重要的工作，领导制定了斑马文件（Zebra Book），明确指出野生生物服务署以发展自然保护和生态旅游共存共荣为目标，设计一套有效地与当地居民的互助模式。利基重视与当地居民的互动关系，强调要保障居民的生命财产安全，尽力减少野生动物对居民生活的干扰。1992年，成立社区服务协会（CWS），给予居住于国家公园或保护区周围的民众实质帮助，如提供经费赞助地方发展计划等。利基提出要将野生生物服务署自门票所得收入中提取25%给受野生动物袭扰的村落作为回报。鼓励当地居民参与到与野生生物相关的行业，如旅游、畜养、提供食物或制作纪念品及表演等，并支持其加入环境保护活动，以更大程度保证野生动植物有较大的生存空间、较安全的庇护场所。提倡野生生物服务署应成为当地居民的好朋友、好帮手，并尽力提供辅导、建议和协助。还与美国国际发展机构共同制定《生物多样区保护计划》，协助当地居民找到合适的工作，增加家庭经济收入，改善其生活条件，缓解居民与国家公园管理间的矛盾与冲突。①

利基因没有兑现25%的回馈金的承诺而下台，继任者大卫·魏诗登（David Westem）继续推行生态旅游，在肯尼亚的国家公园内建立一套兼顾当地民众权益、保护自然环境和让野生动植物能永续生存的管理模式，并推出《野生动物发展与利益分享计划》。将生态旅游作为推动自然保护的动力，旅游利益不再由白人主导的旅游集团独享，让当地民众分享利益，促进其放弃放牧、农作等其他土地利用方式，彻底解决盗猎问题。魏诗登把回馈金比例定在10%，将肯尼亚野生生物服务署的工作目标调整为：①保护生物多样性；②联结保护与旅游；③建立地方、国家、国际等不同层次团体间的伙伴关系。野生生物服务署也下放权力，将许多决策下放至现场决定，邀请当地居民参与、讨论。最近几年野生生物服务署重点推广与旅游或保护相关的谋生技能与活动，培训民众的工作能力，通过开创多样性的旅游

---

① 张建萍. 生态旅游与当地居民利益—肯尼亚生态旅游成功经验分析[J]. 旅游学刊, 2003, 18（1）: 60-63.

活动来增加当地社区收益①。

5）启示

（1）严格的生态环境保护政策是生态旅游的前提，野生动物已成为肯尼亚旅游的主要吸引物

肯尼亚已颁布实施的自然保护区管理法律有《环境管理和协调法》、《森林法》和《野生动植物保护和管理法》等。政府主要通过保护政策和土地利用政策，推动保护区及不同保护区之间廊道的识别和保护②。政府所制定的涉及人与动物关系的一系列政策，大都偏向保护动物，限制人类活动。尤其在园区内严禁游客下车、投食、挑逗、惊吓和骚扰等一切影响野生动物正常活动的行为。公民利益一旦受到野生动物侵害，全部由政府负责赔偿，而任何捕杀野生动物的行为，都将受到法律的严厉制裁。肯尼亚几乎所有主要城市都设有野生动物救助机构，经费主要来源于慈善机构和国际志愿者资助。

基于严格的保护，野生动物成为旅游者的主要吸引物。如肯尼亚安博塞利国家公园，游人会花上41%的时间看狮子和猎豹。一项研究发现观看火烈鸟每年带来750万~1500万美元的收入，该项收入占肯尼亚纳库鲁湖国家公园野生动物观赏总收入的1/3③。布朗和亨利研究估计每个到肯尼亚的旅游者会为观看大象花去727美元④。穆尼指出肯尼亚每年每头大象会带来14375美元的旅游收入，每年由大象带来的旅游收入达2亿美元。⑤

（2）通过有效的激励措施使得当地居民成为野生动物及生态环境保护的主体，强调社区参与、兼顾当地居民的利益成为生态旅游成功的关键

肯尼亚野生生物服务署一直鼓励当地居民参与野生生物相关的行业，力推兼顾当地居民权益和保护生态环境的管理模式。正是当地居民真正分享到了生态旅游的收益，才成为协助政府部门加强野生动物及生态环境保护的帮手。如马赛马拉保护

---

① 张建萍. 生态旅游与当地居民利益—肯尼亚生态旅游成功经验分析[J]. 旅游学刊, 2003, 18（1）: 60-63.
② 任瑛. 南非、肯尼亚自然保护区管理考察及启示[J]. 农村财政与财务, 2008（2）: 47-48.
③ 张凌云. 非洲国家公园发展旅游业的几个问题[J]. 北京第二外国语学院学报, 2005（5）: 55-60.
④ Brown, G. J. and Henry, W. The economic value of elephants[M]. London: The London nvironmental Economics Centre, 1989.
⑤ Munyi, S. W. Kenya ecotourism workshop[J]. Contours, 1992, 5（8）: 30-32.

区已成为肯尼亚最受欢迎的景区,在保护活动和当地居民参与上结合得十分成功。在禁猎令之后,居住在保护区内的马赛族人无法再靠贩卖猎物维生。许多马赛人被吸收成为旅游发展协会的成员,地方议会每年拿出一定比例的收入回馈支持当地部落的发展,如兴建医疗服务站、学校、供水设备、改善牲畜畜养设施以及修建道路等。生态旅游带来了更稳定、丰厚的收入,当地居民不再冒险去打猎,不仅如此,他们更是尽力保护野生动物。①

2. 津巴布韦

1)国家公园

津巴布韦现有6个国家公园,最大的国家公园有14000平方公里。国家公园以保护森林和动物为目的,国家公园的所有权归国家,使用权归国家公园。国家公园由国家公园管理局(Management of Wildlife & National Parks)管理,由其派驻工作人员,成立各国家公园办公室,行使职能包括收取门票、基础设施建设、野生动物保护及设立警察等。国家公园规划要求只能设一条主路,为柏油路、单车道,其余道路为土路。游客的旅游活动仅限于国家公园的道路之上,若进入无道路的区域,按破坏森林罪或偷猎野生动物罪论处。在国家公园内部不准修建任何设施,只允许申请帐篷式酒店(Camp),帐篷式酒店经营公司与国家公园达成协议,将利润的一部分上缴国家公园。国家公园主要实施公益性项目,营利性项目很少。有的国家公园虽然经营简易帐篷,但是以公共教育和公共服务为目的,一般收费标准为1~5美元/人·天。国家公园的收益来源包括:门票收入、发放在公园范围内的准许行为或业务的牌照(若是经营性项目牌照,只能用于经营指定业务及用途)、打猎收入、土地租金和其他收入(如死大象象牙拍卖)。

2)自然保护区

津巴布韦只有2块自然保护区,其中1块已卖给私人。自然保护区规模较小,在1000平方公里以内。

---

① 张建萍. 生态旅游与当地居民利益—肯尼亚生态旅游成功经验分析[J]. 旅游学刊, 2003, 18(1): 60-63.

3）相关管理部门

国家主管旅游部门发放执照，包括猎手证，餐厅、酒店、旅行社、旅游用车牌照（由旅行社或私人买车，旅游局、交通局发放用于公共交通服务而非私人交通的牌照）等。

为解决人类活动与野生动物的利益冲突，津巴布韦成功实施的"篝火计划"让当地社区从野生动物打猎中获得利益，但允许打猎的野生动物只能是数量过剩的物种。

4）启示

津巴布韦通过严格的法律手段，切实保护野生动物，规范旅游行为。如对国家公园的规划建设，要求只能设一条主路。旅游活动仅限于在国家公园的道路之上，不得进入无道路的区域，否则以重罪论处。

3. 南非

1）国家公园和自然保护区概况

南非拥有陆地保护区和国家公园403个，总面积达到660万公顷，占国土面积的5.5%（其中20个国家公园面积占保护区总面积的53%）；拥有57个海洋保护区，占国土面积的17%。陆地保护区类型包括特别自然保护区、国家公园、世界遗产地、森林荒野地、山地集水区以及国家森林等。近年来，南非政府制订的保护区发展目标是官方保护的陆地区域由5.5%增加到2010年的8%，最终达到10%，海洋自然保护区由17%发展到2010年的20%。[1]

2）国家公园

南非的国家公园相对于自然保护区面积较小，有具体范围和边界，有围栏或围墙等隔离设施，收取门票，由政府监管，私人运营。以好望角国家公园为例，为防止野生动物走出国家公园，在国家公园的边界铺设一排细管，动物因在上站立不稳而不敢走出，表面上虽无围栏和围墙，实际上仍然达到很好的圈护野生动物

---

[1] 任瑛. 南非、肯尼亚自然保护区管理考察及启示［J］. 农村财政与财务，2008（2）：47-48.

的目的。国家公园夏季下午5点关门，冬季下午6点关门，游客及车辆逾时将受到罚款。

2002年南非、莫桑比克、津巴布韦签署协议，南非的克鲁格国家公园、津巴布韦的戈纳雷若国家公园和莫桑比克的林波波国家公园合并成立大林波波跨国公园，保护区面积约为3.5万平方公里，被称为世界上最大的保护区。在大林波波跨国公园，动物们可以自由地从一个国家迁徙到另一个国家，游客们也只需要办理简单的手续就可以跨国自由观光。

3）自然保护区

南非的自然保护区无具体范围和边界，没有具体的隔离设施，由政府管护。如同国家公园一样，自然保护区内也不能建设包括宾馆等永久设施和大型建筑物，只能建设动物、植物保护的研究机构。

4）相关管理部门

（1）环境事务和旅游局

环境事务和旅游局是南非主管旅游的政府机构。其职责为发放导游牌照、景点管理、游客管理等。

（2）国家保护部门

按照相关法律，南非负责保护区管理的政府部门是环境事务和旅游局以及水务和林业部。国家保护部门在国家公园成立分支机构，管理各公园内部所有事务，包括管理国家公园、保护区里面的动物、生态环境以及相关研究、建设及发展等。各分支机构上报相关信息及请求，由国家保护部门决策，向中央政府申请资金。

南非关于保护区的立法比较完善。在国家层面，先后制定了《保护区法令》《生物多样性法令》《环境保护法令》《国家公园法令》《湖泊发展法令》《世界遗产公约法令》《海洋生物资源法令》《国家森林法令》《山地集水区域法令》等。南非颁布的这些保护法令，促进了保护区的有效管理。[①]

近年来，南非政府对保护区发展思路有了新的调整，计划形成更大的、保护管

---

① 任瑛. 南非、肯尼亚自然保护区管理考察及启示[J]. 农村财政与财务，2008（2）：47-48.

理更充分的核心区域。具体措施是：①私人土地所有者可以参与保护区的立法保护和管理。由于一些国家公园和周边私人狩猎场之间的篱笆被拆除（例如Kruger国家公园的西部边界），这些私人土地所有者可以通过狩猎农场和旅游业获得足够的收益，愿意且能够按照保护原则有效地管理和经营土地。②政府高度重视当地居民参与保护区的建设。明确规定管理机构应该在建立保护区前向当地居民征求意见并考虑其利益，若有不同意见应召开会议协商解决。③在资金和可利用土地十分有限的条件下，通过创新型的合作计划，进一步扩大保护区范围。保护区扩大计划通常与扶贫、就业计划相结合，更容易得到政府和民间机构的支持。自1995年以来，南非用于购买保护区扩大土地的投资达到1.93亿元，其中20%的资金来自环境事务和旅游部，55%来自南非国家公园的收入，25%来自捐赠。①

5）启示

（1）旅游扶贫

1994年种族隔离结束后，南非新政府即宣布要把旅游业作为国家增加就业、发展外汇的首要产业。2000年旅游业被确定为国家发展的优先产业，是国民经济中居前五位的重点部门之一。环境事务与旅游局作为南非推行旅游扶贫战略的主要政府部门，在2001年推出《减少贫困计划》（Poverty Relief Programme），探索通过可持续旅游发展，减少南非最贫穷社区的数量。旅游部门创建新的基础设施，帮助地方社区生产和提供更好的服务，包括道路、信息中心、步行道、公园围墙等，旅游产品涵盖文化乡村、博物馆、旅馆以及手工艺制品等，以增加贫困地区旅游业的发展潜力。2005年南非环境事务和旅游局发布了《旅游业提高黑人经济实力宪章和记分卡》文件。南非还通过对企业激励（Business incentives）措施给穷人创造更多的利益。还有许多旅游景区或企业被确定为旅游扶贫试验区（Case studies and pilot sites），通过帮助旅游企业与当地人或企业建立和加强联系，使旅游业为地方经济做出更大贡献。②

（2）负责任旅游

1996年南非政府发表了《发展和推进南非旅游》的白皮书，把负责任旅游

---

① 任瑛. 南非、肯尼亚自然保护区管理考察及启示[J]. 农村财政与财务, 2008（2）: 47-48.
② 朱海森, 王颖. 南非旅游扶贫探析[J]. 西亚非洲, 2007（1）: 32-37.

（Responsible Tourism）作为旅游发展的主要指导原则和行动议程，提出个体、企业、商会、社区和政府均应负责任地实现变革，以满足可持续旅游要求的经济、社会和环境的可持续性。白皮书把负责任旅游定义为"参与发展旅游业者的一种积极行动的途径，以负责任的营销和管理建立竞争优势"，它要求旅游业为当地人们提供较大的经济利益，使其能参与市场，提高接待社区的福利，改善工作条件以及保护当地的文化。1997年有关旅游业的"发展、就业、再分配"报告，强调旅游业应该"政府主导、企业驱动、社区为基础、员工参与"。2002年南非环境事务与旅游局进一步发表可持续旅游指南，要求个体旅游协会和企业在国家指导的框架下，承诺以负责任旅游形式发展自己的特有市场，人人都被要求对他们的产品更负责任。旅游业要提高在历史上受到不公正对待的人的权益，其中包括在新企业中提高黑人的经济地位，贫穷的农村社区从旅游业中提高参与度，并获得更多利益。2003年，南非发布了《负责任旅游手册》，在经济、社会和环境三方面提出了"负责任旅游"的具体要求，该手册简明易读，并配有实际操作的例子，对推动"负责任旅游"起到了很大的作用。[①]

4. 对我国处理自然保护区与旅游开发关系的借鉴

目前我国自然保护区开展旅游尚存在一定的限制。按照我国《自然保护区条例》有关规定，旅游活动只能在实验区开展，由于限制过死及其他多种原因，许多旅游开发却违法在缓冲区甚至核心区开展。自然保护区还普遍存在缺乏规划或规划不合理、环境影响评价不到位及旅游收益分配不均等问题。此外，我国自然保护区主管部门较多，挂多块牌子的现象比较突出，管理上难以协调，也是重要问题之一。

肯尼亚等国的实践证明，生态旅游是解决环境保护、经济发展与当地民众三者矛盾的有效途径。生态旅游的内涵之一就是要顾及当地居民的利益，保护当地居民从旅游业中受益，改善居民的生活质量，以此推动生态旅游区的环境保护和可持续发展。

以社区为基础的生态旅游，是保护区兼顾生态保护与可持续发展的关键。以

---

① 朱海森，王颖. 南非旅游扶贫探析[J]. 西亚非洲，2007（1）：32-37.

社区为基础的生态旅游的目标就是让当地人或企业成为旅游开发、经营和管理的主体，充分地参与生态旅游并从中获益，以此提高当地居民的收入水平和生活质量，带动当地经济发展。鼓励社区居民积极参与保护工作，至少需要从三个方面入手：(1) 在规划和开发的初级阶段就强调居民积极参与，主动听取当地居民的意见，使其了解旅游规划编制进展，提高当地居民对生态旅游的认识，鼓励社区居民积极参与保护区的规划和发展。(2) 鼓励当地居民直接参与旅游业的经营与管理，使当地人或企业成为旅游开发、经营和管理的主体，并从中获益，提高当地居民的收入水平和生活质量。(3) 旅游开发的部分利润返还投资者和当地社区，以促进文化遗产、生物多样性的保护。①

肯尼亚等国的保护区主管部门较为单一，管理机构一般不参与经营性项目开发，也值得借鉴。不管是国家保护部门，还是省级保护部门，一般会在其所管辖的国家公园或保护区内部设立分支机构，管理其内部的多方面事务。国家公园或保护区的管理机构，主要从事公益性项目，一般不从事经营性项目，经营性项目由企业或私人承担。

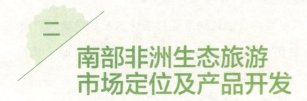

二　南部非洲生态旅游市场定位及产品开发

1. 导言

南部非洲拥有世界上最丰富的生态旅游资源。凭借资源优势，南部非洲很多国家都将其作为保护本国资源和振兴经济的最佳选择，南部非洲也成为当今国际生态旅游的热点地区。如旅游业是南非第三大外汇收入来源和重要经济支柱，产值占国内生产总值的8%，就业人数120万。旅游业已成为南非经济新的增长点，

---

① 任瑛. 南非、肯尼亚自然保护区管理考察及启示[J]. 农村财政与财务，2008 (2)：47-48.

在消除贫困、解决就业、发展经济等方面发挥着日益重要的作用。因为南非特别重视和致力于生态旅游产品的开发，先后规划建设和开发利用了一批世界著名的生态旅游项目，实现了环境保护与利用的有机结合，因而被联合国环境规划署、世界旅游组织誉为环境保护与生态旅游发展的成功典范。肯尼亚是发展中国家中开展生态旅游最早的国家之一，以野生动物观赏旅游为主的生态旅游为肯尼亚创造了其他任何行业所无法比拟的巨额外汇收入，生态旅游业是肯尼亚主要的支柱产业。

2. 南部非洲生态旅游市场定位

1）调查方法和调查样本的确定

我们对南部非洲客源市场调查主要采取了三种方式：

方式一：初步了解的资料收集

在考察前后，通过上网查阅、文献搜索，对包括出游方式、市场规模、出游可能性等在内的南部非洲客源市场情况，尤其是中国市场形成了初步的认识。

方式二：度假村访谈客源市场调查

我们选择了8家比较有特色的度假村，通过对度假村接待情况的访谈，对南部非洲旅游地的客源市场进行了初步分析。在度假村的选择上，我们考虑以下因素：

（1）从区位条件划分，度假村主要包括两种类型，一种是位于生态旅游区的度假村，共6家；另一种是位于旅游城镇或者旅游城市中的度假村，共2家。

（2）生态旅游区中的度假村规模较小，平均约100个房间，200个床位。近邻城市，或者位于旅游城镇中的度假村规模远远大于景区度假村规模。

（3）宾馆酒店的等级较高，8家度假村中，Safari Park Hotel、Treetop Hotel、Lake Nakulu Lodge、Figtree Camp Masaimara、Outshoorn Hotel、The Wildness Beach Hotel6家为四星级酒店或相当于四星级酒店，Elephant Hotel、Keekorok Hotel2家为五星级酒店或相当于五星级酒店。

方式三：到Mossel Bay Tourism、George Town等区域旅游信息中心访谈和资料索取，进行客源市场的概查。

2）南部非洲生态旅游客源市场特征

根据对考察中的8家位于生态旅游区的度假村和两家旅游信息中心的实地调查分析，以及其他资料的收集，以肯尼亚和南非为代表，对南部非洲生态旅游客源市场特征概括如下：

（1）南部非洲生态旅游市场分为两类市场—传统市场和新兴市场。传统市场主要包括英国、美国、德国、法国、意大利等，是支撑南部非洲旅游的核心市场，目前已经是很成熟的高端市场。新兴市场包括中国、印度、日本、澳大利亚市场，这类市场目前份额较低但增长很快，具有较大的发展潜力[①]。

（2）度假村市场份额以欧洲、北美洲、亚洲为主，欧美市场占客源市场份额的50%以上，以英国、德国、法国、美国等国家为主；亚洲市场占1/4，以中、日、韩三国为主；非洲本地市场占市场份额不足10%。

（3）停留时间普遍较长。据统计，2009年上半年，游客在南非逗留的平均天数已由去年同期的7.9天延长到了8.2天。在各度假村停留1天的游客约占全部游客量的50%，停留2晚的游客占全部游客量的近30%，停留3晚的游客占全部游客量的近10%。

（4）床位利用率普遍较高。旅游高峰期床位利用率达到100%，重要旅游景区附近度假村需要提前很长时间预定。旅游次高峰期床位利用率平均在90%以上，旅游淡季床位利用率平均在40%以上。

（5）根据南非摩梭湾信息中心提供的资料，摩梭湾及周边共有星级宾馆10家，其中四星级宾馆6家，三星级宾馆3家，二星级宾馆1家（位于周边）。距离摩梭湾5公里以内的度假村6家，5~10公里的度假村2家，10~15公里的度假村2家，价格从150~500兰特不等（相当于140~470元）。

（6）根据乔治镇信息中心提供的资料，乔治镇共有星级宾馆38家，其中五星级宾馆5家，四星级宾馆20家，三星级宾馆13家。

3）南部非洲中国客源市场定位和市场开拓

南部非洲对大多数中国人来说，还是一个遥远、神秘、陌生的旅游目的地。

[①] 访肯尼亚新兴市场推广部助理经理 BETTY ICHAN 小姐及肯尼亚共和国驻中华人民共和国特命全权大使朱利斯. 桑古利大使. 国际旅游交易网.

2003年4月1日，南非正式成为中国公民自费旅游目的地国家。2004年中国赴肯尼亚的旅游人数才开始增多。但中国以其强劲的增长势头，成为南部非洲新兴市场的中坚力量。虽然目前中国游客仅占肯尼亚旅游客源市场的2%，但中国游客赴肯尼亚旅游的数量每年以两位数的速度增长，2009年中国赴肯尼亚旅游的人数有望达到3.6万人次，中国成为肯尼亚在亚洲地区仅次于印度的第二大客源国。

南部非洲将中国定位为发展潜力巨大的新兴市场，将最有潜力的市场定位为小众人群、高端市场。根据这一市场定位，一方面各国对中国市场进行了详细的分析和了解，另一方面目前都在采取各种积极措施大力开拓这一市场。

市场分析方面，南非对中国客源市场的了解非常仔细，相关的统计分析数据也较全面。南非国家旅游局在中国旅游消费者中做了一个市场调查，对消费者出游可能性及其影响因素、中国游客出游方式、中国游客出游市场规模等方面进行了详细的分析，并对中国市场进行了细分[1]。

市场开拓方面，2009年8月，肯尼亚驻华大使馆和肯尼亚旅游局市场推广部在北京举行了"北京地区旅行社同业交流座谈会"，会见了中国业内十几家旅行社负责人，并将此作为开拓中国赴肯尼亚旅游市场5年计划的开端。此外，在过去的几年中，肯尼亚旅游局通过参加中国展会、组织媒体和行业人员考察、价格优惠等多种手段，吸引中国潜在市场前往肯尼亚旅游。2009年6月，由南非旅游局驻中国办公室主办了"2009南非旅游资源推介会"，南非大使馆旅游专员Tracy女士宣称，南非旅游局将采取各种方式，加强在中国市场的品牌宣传，通过会内外各方面的推广活动让更多的人了解南非的壮美风光和人文魅力[2]。

3. 南部非洲生态旅游产品开发

1）生态旅游产品概念界定及我国生态旅游产品分类

学术界对旅游产品概念的理解目前五花八门、莫衷一是，出现了"整体要素观"、"经历观"、"核心利益观"、"层次观"等多种观点[3]。对生态旅游产品概念更

---

[1] 经圣贤. 南非人眼中的中国客源市场. 中国发展观察2005（7）
[2] 李丽珍. 南非旅游资源推介会在北京拉斐特城堡酒店盛大开幕，2009南非旅游局博客
[3] 任朝旺，谭笑. 旅游产品定义辨析[J]. 河北大学学报（哲学社会科学版），2006（06）：97-100.

是缺乏统一的认识。笔者认为，生态旅游产品是指旅游经营者为满足生态旅游者在生态旅游活动中的各种旅游需求，而提供的各种有形物质产品和无形服务的总和。包括去生态旅游地学习、欣赏、参与、研究当地的自然和文化景观，"关心一个地区的动物、植物、地质和生态系统，还有居住在附近的居民及他们的需求、文化和他们与土地的关系"（Swanson，1992，2）。

早在1999年我国生态环境旅游年的时候，当时推出的生态旅游类型主要包括了观鸟、野生动物观赏旅游、自行车旅游、漂流旅游、沙漠探险、保护环境、自然生态考察、滑雪旅游、登山探险、香格里拉探秘游、海洋之旅等十大类专项产品，共193项。目前，我国生态旅游形式已从原生的自然景观发展到半人工生态景观，生态旅游产品包括游览、观赏、科考、探险、狩猎、垂钓、田园采摘及生态农业主体活动等，呈现出多样化的格局。

2）南部非洲不同类型生态旅游产品特点

国内关于生态旅游产品分类主要有两种方法，即按照属性分类和按照活动类型分类。下面即按照属性分类，对南部非洲各种类型的生态旅游产品开发特点进行论述，其中对此次重点考察的生态观光、生态度假、生态休闲娱乐、生态科普修学产品四种产品类型进行较为详细的论述。

（1）自然生态观光产品

自然生态观光产品是以某种特定的生态景观为核心吸引物，以观光为主要目的的旅游产品。南部非洲自然生态观光旅游产品特征包括：

主要活动区域集中于动植物资源丰富、自然生态景观优美、人为干扰和人为活动较少的区域。主要包括国家公园、自然保护区、野生动物保护区等区域。如肯尼亚的纳库鲁湖国家公园、马赛马拉野生动物自然保护区，南非的海豹岛、企鹅岛等都是这样的生态观光地。国家公园和自然保护区有一定的区别。如在肯尼亚，国家公园属于肯尼亚野生动物服务组织管理，属于政府的派出机构，等级较高，有明晰的边界和管理措施，而保护区属于各省管理，范围可能不确定。国际自然保护联盟将保护区分为六个类型系统，国家公园是其中的一类。

①设计符合生态规律、满足市场需求的观光方式和活动内容

除了传统的步行、乘坐越野车等方式外，访问野生动物保护区、鸟类庇护所、

淡水保护区，野生动物观光船观光、小艇和独木舟观光、观鸟旅游、骑象旅游、赏花旅游、观鲸旅游、潜水观鲨等符合市场需求、多样化的观光方式也受到了游客的喜爱。

②独特的室内生态观光场所

为了满足游客近距离观察南部非洲充满生机的生态世界和动物行为，很多度假区设计了独特的室内生态观光场所。如树顶旅馆在建筑外围通过设置舔盐池和水面诱导动物前来，建筑内部设立了各层室外观景平台、屋顶观景平台，在三楼公共活动区域设有落地窗，二楼住宿间里设有小窗，使游客在休闲、睡觉的时候随时可以看到外面动物的活动。加纳Kakum空中走廊使游客得以在空中欣赏热带雨林景观，成为当地生态旅游热点景区。

③较少的人为设施

与国内很多知名景区不同，南部非洲在自然生态保护区的核心地段，基本没有或建了很少的观光和服务设施，从而将对自然

图1 图2
图3 图4

图1　观鲸旅游
图2　骑象旅游
图3　观光船
图4　野生动物观光

图5 Tree Tops(树顶旅馆)
图6 kakum 空中走廊
图7 好望角
图8 Lake Nakuru 火烈鸟观赏区

环境的破坏和影响控制在最低程度。如在马赛马拉的火烈鸟观赏区、南非的好望角等著名的观光旅游地，我们都基本看不到人工设施，肯尼亚很多著名的动物保护区核心地段甚至没有修建任何道路，更不要说餐饮等服务设施了，这在国内生态旅游区建设中是无法想象的。

④提供专业解说方式

南部非洲生态旅游区中的雇员，大都了解有关的生态知识，如在海豚的喂食过程中，会告诉你野生海豚的生活习性，会讲解岛上沙丘的成因和其中蕴含的矿物资源。如对当地植被的介绍，除了介绍植被特点外，还介绍这些物种在当地人生活中的使用和当地人对于这些物种的态度，以及当地的生产生活方式和文化、习俗与当地自然环境之间的相互影响。

⑤对观光行为的有效约束与严格管理

在南部非洲自然保护区或国家公园内，司机、导游等工作人员都经过严格的培训，明确自己的责任，会协助国家公园和保护区的警察，对游客不当的行为提出劝诚，进行约束。我们在肯尼亚马拉河边观看角马迁徙时，就看到了警察对越野车超出允许的道路边界（实际上没有道路，只是轧出的车辙痕迹）、观光游客坐在越野车顶部等行为当场罚款的场面。

⑥对安全的高度重视

南部非洲很多生态旅游区都有动物频繁出没，因此安全保障成为生态旅游产品开发的重要内容，主要保障措施包括修建一些防护措施、规范游客行为等。如著名的树顶旅馆外有个观景高地，观景高地至树顶旅馆15分钟步行路程不仅有猎手护送，沿途还设有若干防护栅栏，以备猛兽突然出现时藏身之用。游客乘坐越野吉普在动物出没区活动时，要按照规定的路线、规定的停车地点行驶，并遵守不许下车、不许开窗等相应的行为规定。

（2）生态度假产品

生态度假产品主要是以休闲度假为主要目的的旅游产品。生态度假产品的主要特征包括：

产品主要分布于原生环境优良的地方，一般在自然公园和野生动物保护区内，但距离核心观赏区有一定距离。如纳库鲁湖景酒店（Lake Nakuru Lodge）位于纳库鲁湖国家公园内，距离纳库鲁湖火烈鸟观赏区不到50公里路程。

产品主要包括度假村、野营地、乡村旅馆等形式。但无论何种形式，都体现了浓郁的地方特色以及与自然环境的高度融合。如内罗毕Safari国家公园旅馆中心种植有高大的仙人掌等热带沙漠植被，而马赛马拉的Kee Korok度假村外围则种植有热带雨林植被，度假村甚至没有外部围栏，斑马、长颈鹿、鼹鼠等动物随处可见，外围还有热带植被景观区和小池塘，河马等动物在池塘中休憩，整个度假村与自然环境浑然一体。

主要设施包括：入口–接待处（有的分开，有的二者合一）、不同类型的住宿场所（酒店、独立木屋、单体别墅、帐篷等）、公共活动空间（游泳池、餐厅、礼品店、停车场、卫生间等）、环境绿化（草坪或小花园）。各种度假建筑虽然建筑形式不同、特色不同、空间布局不同，但基本都由以上四个功能区域组成，主要功能大同小异。

主要活动包括游泳等室内外康体健身活动，观看具有当地特色的演出和表演，少数度假产品包括乘坐热气球等活动，大多数度假产品并不包含各种观光产品和线路，但为游客提供相关的服务。总体感觉，南部非洲度假村与国内度假村相比，对景观性、舒适性的重视要大于活动的组织和开展，这也许是由于面向客源市场不同

图9 Lake Nakuru Lodge
图10 Keekorok 度假村内的野生动物
图11 Safari 国家公园旅馆内的小品
图12 Safari 国家公园内的仙人掌

而具有不同的市场需求所造成的。

很多自然保护区将生态理念和技术广泛应用于生态度假设施中。坦桑尼亚 Chumbe 岛珊瑚公园在旅游接待设施建设中广泛应用生态技术，包括太阳能热水系统、废水回收利用、堆积肥厕所、光电能照明。南非萨比萨比野生动物自然保护区中的大地度假区，废水自动流向地下中央化粪池，生活污水被抽到一个湿地水库中，再通过一个自然水渠到达一个人工湖，垃圾分类处理后运到另一个度假区中进行集中处理。

图13 Safari 国家公园旅馆内的游泳池
图14、图15、图16 Safari 国家公园旅馆内的公共活动空间

  与国内很多度假区相比，南部非洲很多度假产品的管理水平已经达到了比较高的水平，这种管理体现在方方面面，尤其体现在对细节的关注方面。如Keekorok酒店由于酒店内部就有小型动物，因此晚上由公共活动场所返回住所有工作人员护送，津巴布韦象山酒店外也有工作人员劝诫旅客不要外出。所有的度假区和酒店都备有灭火器。一些度假村甚至设计了非常具有地方特色的房门钥匙。

  南部非洲很多度假村雇佣了大批的当地居民在度假村中工作，并对他们进行了全面的培训，从而使得当地居民能从旅游业发展中受益。肯尼亚就制订了《野生动物发展与利益分享计划》。马赛马拉Figtree Camp中就有度假村的员工培训计划，里面对员工的行为规范、游客心理了解等方面提出了明确的要求。

  产品多为观光型生态旅游产品的配套产品。针对当地居民设计的高档度假型生态旅游产品种类和数量都较少。

图17 Fig Tree Camp 内挂在树上的灭火器
图18 Fig Tree Camp 的特色钥匙

（3）生态休闲娱乐旅游产品

生态休闲娱乐旅游产品是在原生态环境中提供以休闲娱乐为主要目的的旅游活动。该种产品的主要特征包括：

产品多与观光型和度假型生态旅游产品组合开发，一方面增加了观光和度假产品的参与性和娱乐性，另一方面特殊环境赋予休闲娱乐以特色，形成独特的吸引力和长久的生命力。如在维多利亚下游区域，木筏和橡皮艇激流一日游和冲浪板冲浪产品在国际旅游市场上久负盛名，在旅行途中不仅可以体验搏击激流的刺激和兴奋，还可以观赏千奇百怪的野生动物、赞比西鳄鱼。在坦桑尼亚，可以搭乘轮渡游览赞比西河，沿途观赏大象、河马、鳄鱼，欣赏赞比西河落日，轮渡上有免费的酒水、当地食品和导游的中英文介绍，上岸后还有当地人的歌舞表演。

图19 赞比西河上观光
图20 赞比西河岸上歌舞表演

图21　Keekorok 酒店的马赛人表演
图22　Keekorok 酒店的马赛人表演
图23　奥次颂骑鸵鸟比赛
图24　漂流

产品多为高端产品，具有较高的产品附加值。如肯尼亚等国家公园内开展的乘热气球观看野生动物花费约每人300美元，即使乘坐小型直升机也需要100美元左右。

产品具有较为浓郁的非洲特色。如肯尼亚Keekorok酒店的马赛人表演、南非奥次颂鸵鸟山庄的骑鸵鸟比赛、摩梭湾的航海、开普敦的潜水、滑浪风帆、葡萄酒园观光及美食品尝、肯尼亚的狩猎等娱乐项目，都具有极为浓郁的当地特色。

（4）生态科普修学旅游产品

生态科普修学旅游产品是在生态旅游产品设计中加入了较多科普教育内容，科考修学是这一类产品的主要目的。该类产品主要具有以下特征：

主要产品形式包括夏令营、游学之旅、生态研究游等（如触摸被麻醉大象的鼻子以及感受大象巨大的心脏在自己手下跳动）。

主要客源市场包括学生市场、专业人员市场、国际环保和生物保护组织工作人员和专家，以及对非洲动植物感兴趣的游客。我们在肯尼亚Keekorok 酒店就遇到了内罗毕一所学校组织学生到这里来参观（下左图）。

提供有教育意义的"环境解说"服务是产品的重要组成。环境解说水平对产品质量有重要影响。博茨瓦纳杰克露营区让游客在当地布须曼人的引导下去认识卡拉哈里沙漠的生态系统，观摩布须曼人的武器和工具的制作，解释如何根据不同动物的足迹设置陷阱，如何制作箭头上的毒药，如何用蚂蚁颚和植物汁治疗伤口，被游

图25 学生参观野生动物
图26 学生参观野生动物

客评价为最有趣、最有教育意义的旅游活动之一。

（5）其他专项生态旅游产品

其他专项生态旅游产品类型主要包括：

摄影专项游：包括陆地摄影、水下摄影等。

康体保健类旅游产品：包括高尔夫亲子游、保健温泉、爬山、山地自行车等。

探险旅游：主要产品形式包括攀岩、潜水滑浪、骑马穿越马赛地带、岩壁绳索下滑、蹦极、木筏激流探险等。

自驾游。

文化生态旅游：包括"探访奥巴马家乡之旅"、自然遗产观光、考古旅游、参观博物馆、名人故居、走进原始部落等。

3）南部非洲生态旅游产品开发经验总结

（1）产品的核心—基于原生态的资源、环境基础上的原生态体验

南非20%的国土是国有或者私有野生动物保护区或者野生动物饲养场。草原、森林、热带沼泽、大型动物、鸟类、珊瑚礁，构成了一个生态乐园。较少人工干扰状态下的原生态景观和随处可见的野生动物是南部非洲最突出的资源优势，在全球范围内具有垄断性。资源的垄断性决定了产品的垄断性。基于这种资源环境下开展的原生态体验是世界其他地方所不可比拟的，构成了独一无二的南部非洲生态旅游产品的核心。因此，在生态旅游产品开发方面，南部非洲与世界其他国家和地区最大的一个不

同就是，其生态旅游产品开发策划均围绕原生态体验这一核心进行，人类活动的痕迹很少。即使是已有多年开发历史的生态旅游区，其人工设施和人文景观都很少。这样的产品开发理念将会有效保护当地生态系统的完整性、自然环境的原始性、文化的独特性及社区的传统性，提升生态旅游区的整体品质，是真正意义上的生态旅游。

（2）产品的配套—与高端产品相配套的生态设施、细致的服务及要素配套

与国内生态旅游景区建设不同，南部非洲生态旅游景区及住宿设施都高度重视服务的供给和保障。如树顶旅馆中记录有自1952年到现在的50多本留言簿，里面写满了游客在这里度假的感受以及观察到的动物种类及数量。在我们住宿的第二天早晨，看到旅馆记录有大象、狒狒、羚羊、斑点鬣狗等十三种动物。除了留言簿，旅馆还珍藏了几大本剪报册和很多历史照片，如"上树是公主，下树成女王"的传奇，英国女王伊丽莎白住过的房间也成为旅馆50个房间之一，可以很好满足游客的猎奇和追星心理。又如肯尼亚的自驾设施和装备都非常的现代化，有专业的短波电台，随团配备机修工和救护人员，而且每辆车都安装无线电，一方面用来与指挥中心保持联系，在遇到危险时能够及时采取应急措施，另一方面供每辆车的司机交流沟通用，以便随时交流珍奇野生动物信息。这些细微的服务为游客提供了一种独特的体验，提升了产品品质。

图27　Treetops 关于野生动物的观察记录
图28　Treetops 内部关于伊丽莎白女王在此居住的介绍

▶
图29 Fig Tree Camp的灯光
图30 Fig Tree Camp的标识牌
图31 Fig Tree Camp庭院内的休憩设施
图32 Fig Tree Camp室内的装饰
图33 肯尼亚木雕
图34 奥次颂鸵鸟山庄的鸵鸟制品

　　旅游要素方面，南部非洲住宿、餐饮、购物等要素都具有鲜明的非洲特色。首先，南部非洲生态旅游区中的度假村极富特色。我们住宿的8家度假村风格各异，但都具有一个共同点，即生态特色鲜明，从度假村外部环境到建筑用材、色彩、造型，再到餐饮、娱乐、交通设施，乃至灯光、小品等细节，处处显示出与环境的高度协调。马赛马拉的Figtree Camp度假村就是一个注重细节的典范，度假村中的灯光、标识牌、垃圾桶等景观小品都充分考虑了与自然的融合。

　　其次，购物已经成为南部非洲重要的旅游收入之一。如南非产的鸵鸟工艺品，每年给南非带来2亿美元的收入，每4个外国游客中就有3个人购买。南非的钻石、黄金、木雕，肯尼亚的咖啡、红茶、木雕等商品都具有浓郁的地方特色。最后，鸵鸟餐、龙虾餐、各式西餐也为旅途增色不少。餐饮、购物等旅游要素与高端产品相匹配，共同构成南部非洲重要的旅游吸引物。

（3）产品质量保障—总量控制与机制保障

从南部非洲生态旅游发展之初，就主要面向欧美有钱悠闲的高端市场，因此高昂的价格是南部非洲旅游产品的一个突出特点。高价格形成主要有两个因素：一是南部非洲目的地与欧美、亚洲等客源地之间遥远的空间距离决定了较高的时间成本和花费；另一方面，生态旅游产品定位使得南部非洲对生态旅游产品供应和设施供应总量上都必须进行有效的控制，而不能完全按照市场需求供应。高价格是实施总量控制，保障产品品质的有效手段之一。南部非洲很多自然保护区通过收取高价格的参观费和配套少量接待设施来限制观光规模，减少对环境的干扰。如肯尼亚大名鼎鼎的树顶旅馆仅有50个房间110张床位。

生态旅游管理机制方面，南部非洲很多国家将旅游管理部门与环境管理、生态旅游资源管理部门相结合，将旅游开发、管理与自然资源的保护、利用有机地结合起来，有利于协调旅游部门与环境资源部门的关系，形成发展旅游业的合力[1]。如肯尼亚成立旅游和野生动物部，下设肯尼亚旅游局，成立了直接隶属总统领导、工作项目充分授权、收入专款专用的半官方组织野生生物服务署，高度重视与当地居民的互动关系，制定了"野生动物发展与利益分享计划"。南非成立环境和旅游事务部，下设旅游局，制订了促进环境保护的《再生海岸线发展白皮书》《国家环境管理第107号文》。此外，包括肯尼亚、南非在内的很多国家制订了游客管理的一系列法律法规。

（4）中国生态旅游发展和规划的再思考

根据对南部非洲生态旅游的实地考察，结合我国的实际情况，对我国生态旅游发展和规划提出以下几个方面的重新认识和深入思考。

①小众旅游与大众旅游—对生态旅游市场定位的再思考

我国生态旅游景区，目前基本仍定位于大众市场。部分景区虽然在规划中提出了高端定位，但由于既缺乏有效的游客数量管控手段，又缺乏高端产品的提供，因此往往不能真正达到高端定位。大众市场定位使得很多生态旅游景区在旅游高峰期人满为患，对旅游资源和环境产生较大的冲击，又不能产生巨大的效益，一流的生态旅游资源得不到一流的利用。今后的生态旅游规划，尤其是世界级高品质的生态旅游景区规划，其市场定位应向高端市场方向倾斜，同时，产品开发、市场营销、

---

[1] 王兴斌. 各国旅游管理体制综合评述[M]. 旅游研究，2008.

价格确定都要围绕这一市场定位来进行。

②规模开发与限量开发—对生态旅游产品供应的再思考

目前我国的生态旅游景区，往往将经济效益放在第一位，环境效益和社会效益要服从于经济效益。这一目标导向导致在产品开发思路方面大力开发与市场契合度高、经济效益好的产品。而就我国现有的市场需求而言，对大众观光、休闲娱乐产品的需求要远远高于对纯生态旅游、科普旅游产品的需求。因此无论从景区开发还是景区规划方面都出现一种倾向，即景区中各种观光、休闲、娱乐项目和设施大量出现。与南部非洲生态旅游开发相比，我国生态旅游产品供应规模、体量、分布范围都偏大，产品类型过多过杂，这将对生态旅游环境和资源造成难以弥补的破坏。

③设施建设与要素保障和服务提升—对生态旅游开发重点的再思考

南部非洲生态旅游区高度重视旅游要素和服务的供给和保障，追求细节的完美。相比之下，我国生态旅游景区则过于偏重设施建设，忽视要素提供和服务质量，景区餐饮、购物缺乏特色，标识系统、解说系统、游客中心不完善，服务人员素质较差，与南部非洲很多景区相比存在较大的差距。"一流的资源、二流的产品、三流的服务"是一些景区的真实写照。完善的要素体系和服务体系应成为我国生态旅游景区下一步提升的重点。

④常规管理与特殊管理—对游客管理模式的再思考

南部非洲生态旅游区的游客管理卓有成效，运用的主要手段与策略包括使用限制（直接限制进入游憩区域的人数）、提前分配（通过预定或预约预先将游憩区域进行分配）、规模限制、停留限制、行程计划、设置障碍、提供保护区信息、解说服务等，主要管理人员既有专职的武装警察，又有当地居民。如马赛马拉保护区内的很多马赛人被吸收为旅游发展协会的成员，由于从生态旅游发展中取得了丰厚的收益，马赛人开始自觉地保护野生动物。我国生态旅游区，尤其是处于发展初级阶段的旅游区，缺乏游客管理意识，缺乏游客管理的长效机制和行之有效的管理手段，往往当景区发展到一定规模之后，出现了游客管理失控和真空，对环境造成了不可挽回的影响。

⑤发展规划与管制规划—对生态旅游区规划性质的再思考

目前国内很多生态旅游规划做法与其他类型的规划基本相同，规划重点主要包括产品开发、项目策划、空间布局、形象策划等部分，属于发展规划。实际上生态旅游区规划首先应通过科学的分析方法确定严格保护、适度开发、重点建设的区域，提出项目的准入条件，在此基础上提出产品开发、项目策划思路（但不宜提太细），最后提出管制的手段、机制和措施，即生态旅游规划首先是管制规划，其次是发展规划。今后的生态旅游规划应在规划前期分析、管制区域确定、管制机制等方面加强探索，并将生态学的理论和方法运用到规划中。

三 非洲生态旅游考察景点与游线综述

（一）肯尼亚——生态之旅

1. 肯尼亚中心地区

1）阿布岱尔国家公园（Aberdare National Park）

（1）概况

阿布岱尔是独立的火山山脉，构成裂谷的东部山脉，绵延大约100公里，南至汤姆森瀑布，北到内罗毕。土壤颜色为红色，来源于火山，富含有机物。阿布岱尔一共有两个主峰，即奥尔东约莱萨提马（3999米）和基南贡（3906米），这两座主峰在3000多米海拔处被长长的鞍状阿尔卑斯沼泽地分开。其地形多种多样，有深

▶图35 Tree Tops的接待处

深的峡谷切断树林覆盖的东西斜坡，也有许多清澈的溪流和瀑布。阿布岱尔是重要集水区，为塔纳河和阿斯河提供水源，是中央裂谷和北汇水盆地的一部分。

不寻常的植物、起伏的地形、溪流和瀑布汇集一起构成了国家公园非常美丽的区域。公园周围主要是原始森林，该森林由KWS（肯尼亚野生动物管理局）和林业部联合组成的MOU管理。

（2）位置

中央省涅里区位于肯尼亚西部中央高地，距首都内罗毕160公里。

（3）气候

一年大部分时间有雾和大雨，西北斜坡年降水量大约1000毫米，东南部3000毫米。

（4）交通

①公路：可以从东面的涅里和纳罗莫鲁（离内罗毕160公里）很方便地通过柏油碎石公路到达公园。该公路穿过公园，与西面的纳瓦沙和北基南贡的公路连接。从公园可以到达主要城镇涅里（离内罗毕154公里）、尼亚胡鲁鲁（离内罗毕188公里）和纳瓦沙（离内罗毕87公里）。

②简易机场：姆维加机场紧挨着公园总部，机场离涅里总部12公里。

（5）住宿

①Outspan

Outspan位于尼耶里镇，正好在肯尼亚茶与咖啡生长高地的中心地带。这是与

图36　Outspan的室外就餐处
图37　Treetops下的动物舔盐池（Salt Lick）
图38　Treetops外景

图36

图37

图38

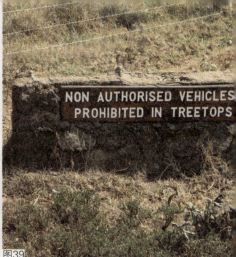

图40　图39

壮观的Karuru瀑布最靠近的酒店，是生机勃勃的花园和绿意盎然草坪的伊甸园。Outspan是客人前往世界著名的树顶酒店的起点，拥有3座别墅和42间宽敞的客房。

Outspan的旅游活动包括在阿布岱尔国家公园驱车观察野生动物、由导游带领在大自然漫步、参观咖啡农庄2小时、游览尼耶里城镇的文化历史遗址、参观巴登·鲍威尔帕克斯图博物馆、基库尤舞蹈表演和演讲、在索里奥牧场（Solio Ranch）驱车观察野生动物。

② Treetops

树顶酒店位于阿布岱尔国家公园的丛林中，这个世界著名的乡村树屋非常适合于观赏野生动物。树顶酒店始建于1932年，位于阿布岱尔山和肯尼亚山国家公园之间的一条古代大象迁徙之路上，酒店的后方是水潭和盐碱地，位置优越。

树顶酒店为四层全木结构，楼房高21米多，搭在数十根粗大的树干上。树顶酒店拥有共计50个干净、整洁和舒适的客房，设计类似船舱，可容纳100人食宿，底层离地10余米，野生动物可以自由穿行其下。在旅馆的屋顶有一个大平台，俯瞰可以观赏到漫游在公园里的野生动物。每到晚上，成群的大象和野牛来到楼下吃盐（人工撒）和其他矿物质，各种鸟类及动物亦到水塘边喝水，构成一幅美不胜收的黄昏动物"聚会"景象。游客可以在四个安全的观景台和一个屋顶平台上观赏大象、水牛、犀牛以及其他各种野生动物。摄影爱好者还可以在两个隐蔽的地上摄影点拍摄到好的照片。

图39　Treetops禁止外部车辆入内
图40　为摄影爱好者提供的摄影点

树顶酒店始建于1932年,最初由定居肯尼亚的英国军官埃里克·金布鲁·克沃克为狩猎和观赏动物在一颗巨大的无花果树高高的树干上建设小旅馆而得名,初建时仅有三间卧室、一间餐室和一个狩猎室。直到1952年"上树是公主、下树是女王"的传奇故事才使这里一夜成名。1952年2月,当时的英国伊丽莎白(二世)公主在肯尼亚游览时夜宿树顶,当晚其父乔治六世去世,英国王室当即宣布伊丽莎白公主继位。翌日清晨,伊丽莎白飞回伦敦登基,伊丽莎白历史性的在树顶变换身份成为女王。同年,一场大火烧毁原公主下榻的树顶,现在的酒店是1954年在原址对面重建的。1983年英女王故地重游,在女王套间下榻,由此树顶酒店家喻户晓。

(6)活动

爬山、露营、徒步旅行、散步、观看野生动物,晚上在阿克和树顶旅馆观看野生动物。此外,还可以在很多冰冷清澈的溪流中捕捉鳟鱼。

(7)最佳旅游时间

全年。

图41　Baboon Cliffs
图42、图43　被誉为观鸟天堂的Lake Nakuru

2. 南部裂谷地区

1）纳库鲁湖国家公园（Lake Nakuru National Park）

（1）概况

纳库鲁湖国家公园位于肯尼亚裂谷省首府纳库鲁市南部，占地188平方公里，海拔1753~2073米，其中湖区面积52平方公里，大约占公园面积的三分之一。

1960年，纳库鲁湖连同附近草地、沼泽、树林和山地被划为鸟类保护区，1968年正式辟为国家公园，是非洲地区为保护鸟类最早建立的国家公园之一，被誉为"观鸟天堂"。1974年，公园因得到WWF（世界自然基金会）的援助而扩建，包括纳库鲁湖、狒狒断崖（Baboon Cliffs）以及南部的一大片草原。

纳库鲁湖及其附近的几个小湖，地处东非大裂谷谷底，是地壳剧烈变动形成的。它的周围有大量流水注入，但却没有一个出水口。长年累月，水流带来大量熔岩土，造成湖水中盐碱质沉积。这种盐碱质和赤道线上的强烈阳光，为藻类孳生提供了良好的条件。几个湖的浅水区生长的一种暗绿色水藻是火烈鸟赖以为生的主要食物。水藻含有大量蛋白质，一只火烈鸟每天约吸食水藻250克。水藻还含有一种叶红素，火烈鸟周身粉红，据说就是这种色素作用的结果。纳库鲁湖及其周围地区，成为火烈鸟聚居的地方，被称为"火烈鸟的天堂"。在这一带生活的火烈鸟有200多万只，占世界火烈鸟总数的三分之一。火烈鸟的粉红色羽毛是当地群众制作工艺品的材料。

图44、图45　Lake Nakuru Lodge 内景

图44　图45

图46　Lake Nakuru Lodge 的公共活动空间
图47　观看火烈鸟及野生动物的敞篷汽车

这里的火烈鸟有大小两种，大的身高1米，长1.4米，数量较少；小的身高0.7米，长1米，数量较多。它们都是长腿、长颈、巨喙，很像白鹤，但全身羽毛呈淡粉红色，两翼两足色调稍深。火烈鸟的嘴极其别致：长喙上平下弯，尖端呈钩状。一群火烈鸟往往有几万只甚至十几万只，它们或在湖水中游泳，或在浅滩上徜徉，神态悠闲安详。兴致来时，它们轻展双翅，翩翩起舞。这时的纳库鲁湖则是湖光鸟影，交相辉映，红成一片。而一旦兴尽，它们就振翅高飞，冲天直上，仿佛大片的红云。这一奇特的变幻，被誉为"世界禽鸟王国中的绝景"。为观赏这一奇景，每年都有大批游客从世界各地来到纳库鲁湖。

（2）位置

裂谷省纳库鲁。距内罗毕160公里。

（3）面积

188平方公里。

（4）气候

温暖干燥。

（5）交通

公路：公园坐落在纳库鲁镇，距内罗毕西北160公里。从内罗毕走A104公路

图48 马拉河畔等待观看角马迁徙的游客
图49 马拉河之渡—马拉河畔迁徙的角马
图50 管理站

（奈瓦夏方向）。主要大门和公园总办事处距纳库鲁镇以南4公里（从肯雅塔大道），走莫伊路然后往左转进入体育场路，直通大门兰尼特门）。

（6）住宿

公园内有Lake Nakuru Lodge及Sarova Lion Hill Lodge两家宾馆。

Lake Nakuru Lodge

Lake Nakuru Lodge位于纳库鲁湖国家公园内部，原来是德拉梅尔男爵的农场。Lodge可以最近距离地观看动物，lodge有68个房间和湖边别墅，共136个床位，以优质的服务而闻名。

（7）活动

观鸟、露营、野餐，从狒狒悬崖、狮子山和走出非洲山处欣赏最佳湖光山色。

（8）最佳旅游时间

全年。

2）马赛马拉国家保护区（Maasai Mara National Reserve）

（1）概况

①肯尼亚国家公园（National Park）和国家保护区（National Reserve）

肯尼亚的国家公园是由野生动物管理署（Wildlife Service）所主管，该署直属总统府，在各国家公园设有管理站，并配有管理人员。

国家保护区（National Reserves）则

图51 马赛马拉河
图52 管理车辆
图53 选择树林中得到"伪装"的 Fig Tree Camp

由地方政府立法并经营管理，包括马赛马拉在内，这些保护区跟国家公园不同之处，在于容许放牧的行为，尤其是传统马赛人的放牧跟区内的野生动物存有长久和谐的共存关系，而区内马赛人也成为观光的焦点，这种马赛人、野生动物以及观光客三者的关系微妙，在旅游管理方面严予规范，则各得其所、各得其利，这种关系则是肯尼亚国家保护区的重要特色。

马赛马拉国家保护区（Mara Game Reserve）于1961年设立，面积约为1500平方公里，南部分界线就在与坦桑尼亚的塞伦盖蒂国家公园相分割的国界线上。东部分界线是罗伊塔山（Loita Hills），西部以壮观的埃索伊特－奥洛罗罗（西里亚）断崖（Esoit Oloololo Escarpment）为界，北部以伊通山（Itong Hills）为界。

马赛马拉意为"马赛人林木稀疏的草原"，是肯尼亚最受欢迎的旅游目的地之一。保护区内动物繁多，数量庞大，约有95种哺乳动物和450种鸟类，是世界上最好的野生动物保护区（禁猎区）之一。20世纪30年代初，美国著名作家海明威曾访问过这里，并于1935年写了一本名为《非洲的绿色群山》的书，生动地描述了这里种类繁多、丰富多彩的野生动物生活。著名电视节目《动物世界》中的许多镜头拍摄于此。

马赛马拉被视为肯尼亚野生动物观赏区域的宝石，有众多动物栖息于此，包括"非洲五霸"——水牛、大象、豹、狮子和犀牛，以及河马、格氏瞪羚、黑羚羊、转角牛羚、柯克氏大羚羊、长颈鹿、罗恩羚和夜间活动的蝙蝠耳狐狸等。

马拉河（Mara River）将马赛马拉草原一分为二，既是鳄鱼和河马的家园，也是野生哺乳动物的生命线，在这里，每年发生世界上最壮观的野生动物大迁徙。每年大迁徙从7月开始,一百五十多万只角马和大量瞪羚、斑马及其他食草动物追逐水草从坦桑尼亚盖伦盖蒂平原迁移至北部马赛马拉的新草原,队伍绵延数千公里,11月份再迁回南方,渡过马拉河暴涨的激流和鳄鱼的阻击是最艰难而壮观的一幕,被称为"马拉河之渡"。

②保护管理规定

这得益于肯尼亚和邻国对野生动物的大力保护。马赛马拉国家公园与坦桑尼亚的几个野生动物保护区连接成世界上最大的野生动物保护区,两国政府都制定和落实了各项周到的保护措施。公园有武装警察守卫,并保证游客的安全。如马拉河边是观赏河马的最佳场所,每天都有武装警察值班,分批将游客带到观赏地点,又负责护送返回停车点。开越野车的司机都必须取得资格,不仅能严格遵守保护区的规定,还要督促游客遵守,并为游客介绍各种动物。游客入园时,每人都会获得一份详细的规定,如不得以任何方式喂养、惊吓动物,不得随便下车,不得进入规定路线以外的地方等。

图54、图55 选择树林中得到"伪装"的 Fig Tree Camp
图56 热气球观光

图54

图55

图56

（2）位置

坐落在肯尼亚的西南部，位于南纬1°，东经34.45°~36°。跨越纳络克和察兰斯马拉地区，距赤道以南约105英里。距内罗毕西南部247公里。

（3）面积

1510平方公里。

（4）气候

从6月中旬至10月中旬降雨量与主干旱期呈现双模态，1月与2月进入短期干旱季节。3月至6月长期降雨。11月至12月出现短期降雨，降雨量介于800~1200毫米之间。日最高气温介于26~30℃之间。

（5）交通

①公路：从内罗毕至纳纽基地先要经过通向伊西奥洛的沥青公路，然后进入22公里的红土公路。

②飞机：布法罗斯普林斯简易机场每天有至内罗毕的定期班机，并往返于保护区其他旅游目的地。

（6）住宿

马赛马拉保护区的住宿包括旅馆、帐篷宿营地、季节性宿营地、豪华机动宿营地等不同类型。

①Fig Tree Camp

Fig Tree Camp坐落于Talek河畔，提供豪华帐篷和木屋两种住宿方式。Fig Tree Camp新增加的Ngaboli帐篷为10个私人帐篷。

Fig Tree Camp提供的服务包括日间和

图57、图58　Fig Tree Camp帐篷营地
图59　直升机观光

▼

图57

图58

图59

▲

图60、图61　马拉文化村

夜晚游猎、特色餐厅晚餐、乘直升机观动物后提供香槟酒早餐。Fig Tree Camp同样有热气球观光探险，每日清晨从营地起飞。

②Mara Keekorok Lodge

Keekorok Lodge建于1962年，是马赛马拉国家保护区内建造最早的酒店。Keekorok Lodge位于马赛马拉保护区的核心地区，占地80英亩，拥有各类房间101间。外围建有的木制长廊可观河马戏水。酒店提供早茶或咖啡，早餐、午餐、下午茶及晚餐，如果客人游猎，酒店还会提供午餐盒。

（7）活动

观赏野生动物、露营、夜间游览，游览马拉文化村，乘热气球飞行，在灌木丛里进餐。

（8）最佳旅游时间

8月至11月。

（二）南非——滨海之旅

1. 开普酒乡（Cape Winelands）

南非目前是世界上6大有名的葡萄产区之一，它所产的葡萄酒产量占世界总产量的3%。南非的主要葡萄酒生产区分布在开普地区，因开普地区处于非洲顶端地带，它具有典型的地中海气候，冬天多雨、夏天干燥，世界优质葡萄酒用的葡萄应该长在纬度34度的位置附近，而开普地区正好在这个位置，光照的强度十分高，夏天最长的日照时间可达14个小时。当时的英国人看中了这个风水宝地，将欧洲的葡萄酒酿造技术传到了非洲,从此开普地区就开始种植葡萄,并于1659年2月将第一批葡萄榨成汁,自此开普成为了生产葡萄酒的天堂。

开普酒乡位于南非西开普省。是南非最大的葡萄酒生产区,分为6个主要的葡萄酒产区,每个区域都有其独立的葡萄酒之路。Constantia、Stellenbosch、Franschhoek、Paarl、Robertson和Wellington是最出名的。这一区域在当地被称为"Boland",在南非语里是高地的意思。

康斯坦提亚山谷(Constantia Valley)的葡萄酒产区被山谷环绕,拥有最古老的葡萄酒庄园以及宅地,除此以外,还有一些获奖的葡萄酒和餐馆。康斯坦提亚山谷90%的农场提供品酒和酒窖参观的活动。

斯泰伦博斯(Stellenbosch)的葡萄酒产区是好望角地区最知名的。1971年的第一条官方葡萄酒线路由Simonsig的Frans Malan、Delheim的Spatz Sperling、Spier的Niel Joubert建立。斯泰伦博斯的葡萄酒是最知名的乡村酒窖产酒的所在地。弗朗斯胡克山谷(Franschhoek Valley)的葡萄酒产区在300多年前由法国的Huguenots建造。整个葡萄酒产区背倚Franschhoek和Drakenstein山,这一古朴的村庄有超过30个葡萄酒农场,包括Akkerdal Estate, Allée Bleue Farms, Bellingham, Boekenhoutskloof, Boschendal Cabriere, Chamonix, Dieu Donné, Eikehof, Franschhoek Pass Winery, Franschhoek Vineyards, Freedom Hill wines, GlenWood, Graham Beck cellar, Grande Provence, Haut Espoir, La Bourgogne, La Bri, La Chataigne, La Chaumiere Wine Estate, La Couronne Wine Estate, La Motte, La Petite Ferme, La Roche, Landau Du Val Wines, Le Manoir de Brendel, Lormarins, Lynx Wines, Mont Rochelle Mountain Vineyards, Moreson, Plaisir de Merle, Rickety Bridge Winery, Rupert & de Rothschild Vignerons, Solms, Stony Brook, Vrede en Lust。

其他优秀的葡萄酒农庄则位于帕尔(Paarl)和惠灵顿(Wellington)。

1)康斯坦提亚葡萄酒路线(The Constantia Wine Route)

康斯坦提亚山谷位于开普半岛的中心。康斯坦提亚葡萄酒路线(The Constantia Wine Route)是开普地区最短的一条葡萄酒路线,也是离开普敦最近的一条,离开普敦仅有20分钟的车程。康斯坦提亚山谷是开普敦葡萄酒产业的摇

图62、图63 The Constantia Wine Route 沿线的酒庄
图64、图65、图66 Groot Constantia
图67 Stellenbosch Wine Route

篮,有世界知名的开普敦克斯坦博西植物园(Kirstenbosch Botanical Gardens)、18洞高尔夫球场,是购物、休闲、饮食的好去处。

康士坦提亚建于1685年,原是荷兰统治长官西蒙·范·德·斯戴尔(Simon van der Stel)的庄园。一个世纪后,这块农场因其葡萄酒而举世闻名,房屋随即扩建,变成了宏伟的庄园宅第。1885年,开普敦政府购买了格鲁特康斯坦提亚,原有的康斯坦提亚农场现在已分成了几个小农场,包括Groot Constantia、Klein Constantia、Buitenverwachting、Constantia Uitsig、Steenberg Estate等,每个农场都有其自己的历史和传统。

格鲁特·康斯坦提亚(Groot Constantia)是开普酒乡众多荷兰式庄园中最豪华的一座,是开普葡萄栽培创始人"斯戴尔总督的家"。Groot Constantia现在是一座描绘开普早年的社会及文化生活纪念馆,内有南非最古老的制酒中心、一座建于1685年的葡萄酒博物馆。博物馆是一幢荷兰式的古老建筑物,有粉白的墙和典雅的镜型屋顶造型,馆内陈列有17世纪时期的家具、玻璃器皿以及陶瓷器等古董,地下室则是一个大酒窖,里面摆满许多巨型的圆木桶,游客可以在酒窖品尝葡萄酒。

2）斯泰伦博斯葡萄酒路线（Stellenbosch Wine Route）

蒙·范·德·斯戴尔（Simon van der Stel）于1679年到达开普敦，到现在的开普敦东一条狭长山谷考察。他认为那里土壤肥沃，极适宜于葡萄栽培，因此建立了Stellenbosch葡萄园。Stellenbosch是南非第二古城，离开普敦只有35分钟的车程，被认为是南非的葡萄酒之都，这里集中了南非最优秀的葡萄园和大大小小的酒庄，大多由家族经营。

受法国葡萄酒路线（French Route du Vin）及德国葡萄酒路线（German Wine Routes）的启发，Stellenbosch于1971年开辟了首条开普葡萄酒路线（Wine Route of the Cape）。斯泰伦博斯葡萄酒路线长12公里，有23个酒窖和5家葡萄酒厂，其中大部分都对游人开放，游人可以带上食物到里面野炊，参观酒窖，也可品尝和购买葡萄酒。

3）节事活动

开普时报V&A海滨葡萄酒节（Cape Times V&A Waterfront Wine Affair），超过75个西开普葡萄酒酒庄在同一屋檐下进行展示，包括相配成对的食品与葡萄酒、海滨餐厅提供的特别晚宴等等。该节每年5月6~9日举行。

2. 花园大道（Garden Route）

花园大道，是西起摩梭湾（Mossel Bay）东至斯托姆河（Storms River）的一条连续255公里的一级海滨公路，南临印度洋，北靠齐齐卡马山脉，是南非最著名的风景之一。

花园大道与湖泊、山脉、黄金海滩、悬崖峭壁和茂密原始森林丛生的海岸线平行，沿途包括摩梭湾（Mossel Bay）、乔治（George）、奈斯纳（Knysna）、奥茨颂（Oudtshoorn）、普莱藤贝格湾（Plettenberg Bay）等众多小镇。整个区域有10个不同生态系统的自然保护区和海洋保护区，是珊瑚礁、海豚、海豹以及其他海洋生物的家园。沿花园大道的海湾，则是濒临灭绝的南露脊鲸（Southern Right Whale）冬季到春季觅食、产仔的区域。

花园大道为海洋性气候，冬季的平均气温在13℃左右；夏季温度在25℃以下，

气候温暖。一年当中都可以进行游泳、赛艇、帆船、划水、冲浪、鸟类观察,以及高尔夫、网球、骑车旅行等大部分陆上、水上运动。此外,有蒸汽机车(Outenoqua Choo-TJoe Train)通过这个地区最美的地带,也是花园大道主要观光内容之一。

花园大道是南非旅游开发最发达的地区,从四星级饭店到帐篷场,有各种各样的住宿、娱乐设施。1月下旬至5月是绿色季节,价格上浮30%以上;12月至次年1月和复活节期间,从欧洲来的避寒游客很多,价格高到平时的2倍。即使是这样,客房也是预约全满,各度假区和旅游小镇都很拥挤。相反,在雨和雾较多的8月至10月,大多数地方的住宿价格也大幅度下降。游览整个花园大道一般行程约需4天3晚。

1)赫曼努斯(Hermanus)

①南非观鲸

南非是世上极佳的观鲸地点。每年都有各种不同的鲸鱼到南非来交配繁殖,而南露脊鲸是其中最为特别的一种。南露脊鲸每年都会离开漫天冰雪的猎食地方南极洲,开始向北迁徙至气候温暖的地区交配繁殖。南露脊鲸于冬季及早春抵达南非,开普敦南海岸将成为它们的世界。南露脊鲸随处可见,观鲸者可以对南露脊鲸与生俱来的力量及优雅的水上杂技一开眼界。

赫曼努斯(Hermanus)被称为全球最佳陆上观鲸地点,此处可俯瞰开普南海岸的沃

▲
图68、图69 花园大道沿线——海豚湾
图70 Hermanus 的观鲸告示
图71 Hermanus 海湾

克湾（Walker Bay）。观赏南露脊鲸（Southern Right Whale）的最佳季节是每年6月至11月，其间南露脊鲸不远千里穿越暴风雨肆虐的南大洋，来到南非海岸线上的避风港，在这里求偶和生产。游客可乘船近距离观察鲸鱼，也可在陆地俯瞰海湾，鲸鱼的繁殖高峰期为7月及8月，但游客在9月及10月仍可观赏到大量鲸鱼。

世界上独一无二的报鲸人（whale-crier）负责在观鲸季节于沃克湾通报鲸鱼的到来，在每年9月至10月的观鲸旺季，报鲸人穿梭于街巷间，吹响褐藻喇叭，实时提醒观鲸爱好者。在这期间，游客还可拨打"鲸鱼热线"咨询最新的景点。

观鲸给赫曼努斯镇带来了繁荣，每年吸引近4万来自世界各地的游客，创汇达7500万美元。

②节事活动

每年9月，赫曼努斯都会举行一年一度的赫曼努斯鲸鱼节，期间除了观鲸外，还有鲸鱼王子及公主选举、工艺品市场及设计比赛，青年乐队比赛等多项精彩热闹的大型活动。

2）奥次颂（Oudtshoorn）

奥次颂位于南非南部高原，这里气候干燥，十分适合鸵鸟的生长，是世界著名的鸵鸟羽毛中心，南非绝大多数的鸵鸟养殖场都聚集在附近。奥次颂全镇人口6万，饲养有9万只鸵鸟，其鸵鸟饲养量占南非总量的90%以上，每年向美国、日本和欧洲等地出口大量的鸵鸟及其毛皮制品。

1880年~1910年，一些犹太商人从东欧移民到南非，在奥次颂建立了一个鸵鸟饲养场，把鸵鸟羽毛出口到市场观念很强的欧洲。这种贸易利润很高，1公斤鸵鸟尾羽可以卖200兰特，犹太商人因此发了财。一百多年来，鸵鸟业一直是该地区的支柱产业，因而也被誉为南非的鸵鸟之都。奥次颂的CP Nel博物馆里有许多介绍鸵鸟羽毛贸易历史的展品。

Safari Ostri Farm是向公众开放的鸵鸟养殖场，游客在此可以观鸵鸟、骑鸵鸟、看鸵鸟赛跑，在餐厅可以吃到鸵鸟肉、煎鸵鸟蛋、鸵鸟蛋冰激凌等各种鸵鸟菜和甜点。鸵鸟艺品馆里出售的商品也全部与鸵鸟有关，包括肉干、羽毛制品、皮包等皮件制品，或彩绘蛋壳、鸵鸟脚踝台灯等。

图72、图73 甘果洞
图74 甘果洞外的纪念品店

3）甘果洞（Cango Caves）

甘果洞（Cango Caves）位于奥次颂以北32公里的群山之中，是一座规模庞大的地下天然钟乳石洞穴，内有钟乳石、石林、石笋等，以及超过10米高的石柱，是非洲最大的钟乳石洞之一。

甘果洞于1780年被学者发现，由于规模过于庞大，至今还在继续探查之中。开放供游客参观的部分为深入洞中3.2公里处的洞穴。8000年前便有人类造访甘果洞，洞内有布希曼人遗留下来的壁画，将中古世纪布希曼人生活形态完全表露无遗；甘果洞内同时也发现有昆虫的化石，具有非常高的学术研究价值。洞内的钟乳石柱和石笋则通过灯光投射向游客进行展示。

甘果洞的游线分为标准路线（Standard Tour）和探险路线（Adventure Tour）两种。其中标准路线行程一小时，游客在导游带领下参观六个最大、最壮观的洞穴；探险路线行程一个半小时，游客途中需穿越一系列石柱，其间宽度仅够一人经过。

洞外设有纪念品店、古董店与餐厅，方便游客休憩、购物。

4）乔治镇（George）

乔治镇（George）是花园大道通往内陆之门户，从开普敦沿N2公路向东370公里即可到达。全镇面积1072平方公里，人口13.6万，作家安东·特洛普曾称其为"地球表面最美丽的村子"。

乔治镇由早期的英国伐木者所创建，以英王乔治三世命名。镇上的居民以白人为主，他们多为英国和荷兰人的后裔，沿街建筑以欧式风格房屋为主。

乔治镇是南非著名的"蒸汽火车之乡"，火车博物馆里陈列着各种类型的火车和各个年代的老爷车。Outeniqua Choo-Tjoe是全世界现存最古老的、仍在依表订时行驶的蒸汽火车之一，火车行驶于乔治镇至奈斯那之间，平时作为运送木材及其他货物之用，亦可接受游客订位，沿途湖光山色，夕阳下的黄金海岸美景令人陶醉，是极受游客喜爱的旅游活动。

5）奈斯纳（Knysna）

奈斯纳镇位于南非西开普省花园大道沿线，沿N2高速公路向东距乔治镇72公里、向西距普莱藤贝格湾（Plettenberg Bay）25公里。

图75　乔治镇游客咨询中心
图76　乔治镇教堂
图77　奈斯纳游客咨询中心
图78　Water Front
图79　通往乔治镇的Outeniqua Choo-Tjoe

图75 图76

图77 图78

图79

奈斯纳又名"南非瑞士",是潟湖湖水流入印度洋的入海口。奈斯纳湖是奈斯河的出海口,海口常年淤积,再加上地面上升,形成一个大潟湖,是南非国内最佳帆船游艇、游泳与钓鱼场所。

奈斯纳山水环绕,有着美丽的海洋与山峰景观,是热门的旅游目的地,同时也是一个适宜退休人群居住的地方,近年来,由于奈斯纳的几个世界级的高尔夫球场,奈斯纳镇逐渐成为高尔夫爱好者的目的地。此外天然生蚝是奈斯纳当地的特产,最挑剔的美食家也认为奈斯纳的生蚝为世上最佳美味。

奈斯纳牡蛎节(Knysna Oyster Festival),始创于1983年,每年7月举行,整个牡蛎节有超过100项活动,包括体育赛事、酒会,以及与牡蛎有关的各种活动,2009年吸引了65万人次参与。

牡蛎节最主要的两项体育赛事是奈斯纳森林马拉松和自行车赛,其他的体育赛事包括全家参与的划船、高尔夫、足球、保龄球、钓鱼等等。而与牡蛎相关的活动则包括开牡蛎大赛、吃牡蛎大赛、牡蛎和葡萄酒品尝晚宴等等。牡蛎节期间还有40多个国际知名乐队的街头巡演,以及街道狂欢等各种活动。

奈斯纳牡蛎节现已成为南非活动持续最久的节日之一。

3. 开普半岛(Cape Peninsula)

开普半岛是非洲大陆最西南端的一个长75公里、深入大西洋的岩石岬角。所谓"岬角",即深入海中的尖形陆地。开普半岛北起桌山,南至半岛的最南端好望角。

开普敦是西开普省的首府,也是南非的立法首都、国家议会所在地。城区位于长约100公里的狭长地带上,面临大西洋桌湾(Table Bay),背靠桌山(Table Mountain),风景优美,为世界著名旅游城市。面积2487平方公里,人口约349万,其中48%为有色人,31.7%为黑人,18.8%为白人,其余为亚洲人。一月平均气温20.9摄氏度,七月平均气温12.0摄氏度。

开普敦始建于1652年,是欧洲殖民者在南部非洲的第一个据点,荷、英殖民者向非洲内地扩张的基地,也是南非最古老的城市。阿非利卡人为纪念其祖先布尔人最早来此定居,称其为"母亲城"。现在的开普敦市是于2000年12月由原小开普敦市和其他五个小市合并而成的。

2005年，开普敦荣升为全球排名第五的最佳旅游城市。

1）梅森堡（Muizenberg）

位于海与高山之间的著名海滨度假胜地，有长达35公里的度假海滩并提供相当温暖的冲浪场地。值得一游的有海斯施哨站，是早期移民时代的警卫哨站及信号站。希西尔·罗德斯（1890－1896开普总理）故居，现为博物馆。纳塔尔·利比亚博物馆有古典家具和艺术作品展示。龙德湖鸟类保护区是200种以上鸟类的庇护所。

2）海豹岛（Seal Island）

海豹岛实名为杜伊克岛（Duiker Island），位于开普敦开普半岛西岸的豪特湾（Hout Bay）附近。

豪特湾是一座美景如画的渔港村庄，是开普半岛岩石龙虾的集中地。码头上有建于1884年的南非最早的鱼市场，现为一家颇有特色的海鲜零售商场"水手码头"（Mariner's Whartf），出售鲜鱼、干鱼、生蚝和开普岩石龙虾，鱼市至今仍然完好地保持着古老的外貌。附近有餐馆和礼品店，游客可享受到海鲜龙虾餐的美味。

豪特湾最出名的是杜伊克岛，因有大量海豹在此栖息故名海豹岛。岛上有上千只海豹栖息，为了保护海豹栖息地，游客禁止上岛。豪特湾有专用游艇前往观赏，在离岛很近的地方缓慢绕行，可以近在咫尺地观赏到海豹捕食、嬉水、栖息的情景。

图80

图81

图82

图83

图84

图80、图81、图82　梅森堡海滩
图83、图84　海豹岛

3）费什霍克（Fish Hoek）

费什霍克是开普半岛最安全的游泳沙滩。在这里向左拐到M4路上，沿着蜿蜒的马路经过格兰凯恩（Glencairn），来到历史悠久的港口殖民城镇西蒙镇（Simon's Town）。它是以西蒙·范·德·斯戴尔（最先建议把这座小镇设立为安全的冬季停泊港）的名字命名的。1806年英国人二度占领开普后它成为皇家海军基地，直到1957年转交给南非海军使用。

4）西蒙镇（Simon's Town）

是南非海军总部，镇上的海军协会可溯至英军占领开普时，此处即为他们在南非的海军战队之基地。有许多值得参观的建筑，尤其在圣乔治街，充分显示出此镇历史。海军总部大楼建于1740年，南非海军博物馆所在的马提洛塔与总督官邸博物馆陈列本镇历史文物。

5）巨砾公园（Boulders Beach）

巨砾公园俗称企鹅滩，位于距开普敦40公里的西蒙镇（Simon's Town），东临福尔斯湾（False Bay），是开普半岛国家公园的一部分，因海边有大量圆形花岗岩石而得名。Boulders Beach是世界上观看企鹅最佳的景点，每年到此的游客超过30万人次。

图85、图86　费什霍克海滩

图87、图88、图89 巨砾公园

该地区历史上曾作为捕鲸站,英布战争时期的战俘营等。1984年第一对企鹅在此筑巢,以后逐渐增多,目前已有约3500只企鹅,是南非历史最长的企鹅栖息保护地。该地区于1998年正式确立为国家公园。除观看企鹅外,还可以看到一些鸟类、植物及鲸鱼、鲨鱼等海洋动物。

6)好望角、开普角、好望角自然保护区(Cape of Good Hope 、Cape Point & Cape of Good Hope Nature Reserves)

好望角(Cape of Good Hope)位于开普半岛南端(东经18°28′26″,南纬34°21′25″),与之毗邻的还有两个海角,即麦克莱尔角(Cape Maclear)和开普角(Cape Point)。其中开普角地势最高,海拔238米,是游人观景的最佳之处,崖顶有始建于1857年的灯塔。登临远眺,海天一色,浩渺无际,景色壮观。

1488年,葡萄牙航海家迪亚士(Bartholomeu Dias)最早自西向东绕过好望角,因为这里风高浪急而将其命名为风暴角(Cape of Storms),葡萄牙国王约翰二世认为找到了通往东方的门户,将其更名为好望角(Cape of Good Hope)。1497年,另一位葡萄牙航海家达·伽马(Vasco da Gama)绕道此处前往印度。随着东西方贸易的不断发展,好望角逐渐成为扼东西方海上交通的战略要地。

大西洋和印度洋的实际地理分界线位于非洲大陆的最南端—厄加勒斯角(Cape Agulhas),在好望角东南方约150公里,有正式的两洋分界标志。

图90 图91

图92 图93

图94 图95

▲

图90~图95 好望角自然保护区

　　好望角位于好望角自然保护区内（Cape of Good Hope Nature Reserves），保护区始建于1939年，占地7750公顷，除旅游车外禁止其他车辆入内。保护区内海岸线长达40多公里，区内空气清新，一片葱绿，植物有1200余种，动物有狒狒、开普斑马、开普狐狸、羚羊等，鸟类有鸵鸟、太阳鸟、黑鹰、信天翁、鸬鹚等250余种。

　　好望角是一个发展完善的旅游区，旅游设施主要集中在开普角（Cape Point）附近。20世纪90年代由南非自行设计建造的有轨缆车，方便了游客登临崖顶欣赏海景，缆车上、下站海拔分别为214米和127米，轨道长585米，每次可载客40人，每四分钟发一班。下站建有停车场以及饭店、快餐店、纪念品商店各一家；上站有一家纪念品商店，还可通过国际互联网发送电子邮件。

7）信号山（Signal Hill）

信号山位于桌山一侧，因正午时鸣炮而得名的海拔350米的小山。其另一端因外形像狮子头又被称为狮头山。信号山是晚上观赏被誉为世界三大夜景之一的开普敦夜景的最佳地点。在山上有多个角度欣赏美妙的景色。光彩夺目、晶莹剔透、一望无际的连绵几十公里的火树银花令人叹为观止、流连忘返。

图96

图97

图96、图97　信号山上鸟瞰开普敦

（三）津巴布韦——世界遗产地之旅

1. 维多利亚瀑布（Victoria Falls）

1）概况

维多利亚瀑布（Victoria Falls），位于非洲南部赞比西河中游的巴托卡峡谷地区，地跨赞比亚和津巴布韦两国，距赞比亚旅游城市利文斯顿10公里，是世界三大瀑布之一。1989年联合国教科文组织将维多利亚瀑布列为世界自然遗产，载入《世界遗产名录》。

维多利亚瀑布落差106米，宽1700米，瀑布带所在的巴托卡峡谷绵延长约130公里，共有7道蜿蜒曲折成"Z"字形的峡谷，是罕见的天堑。

19世纪中叶，英国传教士利文斯顿（David Livingstone）在非洲内陆探险时来到这里，目睹了壮阔的瀑布景观，就以当时的英国女王维多利亚命名。

在旱季，可清楚看到被岩石分割成六段的瀑布，出现磅礴壮阔的美景，只要在对岸的国家公园眺望，就可看见这六段各有特色的瀑布奔流急泻。四到六月的大水期常呈现出一片雾茫茫的景象，反而看不到瀑布的真面目。

维多利亚瀑布公园（Victoria Falls Park）内铺设于瀑布区的网状步道，穿梭在浓密的雨林间，可保护雨林生态免受破坏，并引导游客到各景点赏瀑。

2）赏瀑景点

（1）Livingstone Statue：从这里俯瞰维多利亚瀑布公园步道尽头的"Devils Cataract"，可看到赞比西河水自边缘笔直跌落。

（2）Cataract View：瀑布区内最西的景点，位于陡峻的阶梯底层，可感受到转角

图98、图99、图100　维多利亚瀑布景观

直地震撼的魔鬼般的洪流"Devils Cataract"。

（3）Main Falls（主瀑布）：Cataract Island和Livingstone Island之间是主瀑布。

（4）Horseshoe Falls（马蹄瀑布）：位于Livingstone Island东边。

（5）Rainbow Falls（彩虹瀑布）。

（6）Danger Point（险角）：可观赏到赞比亚第一峡谷，观赏平台因满布青苔而湿滑，并且无栅栏屏障，如其名所示十分危险，但也很壮观，可和赞比亚遥遥相望。

（7）Zambezi Bridge：连接津巴布韦和赞比亚，是一条于1904年通车的198米长的铁路和公路架桥。有惊险刺激的高空蹦极活动可供游人体验。

3）游览方式

要看清楚瀑布全貌，就必须从空中俯瞰：跌落瀑布下的水再次汇合，从峭壁屏障中冲出宽约60米宽的缺口，赞比西河河水全部由此狭窄缺口流出，奔腾而下，过了此段短短的出口峡谷后，河水蜿蜒穿过陡峭的大峡谷，经过许多急弯向下游前进。有下列三种方式可以拍到此景：

（1）直升机：飞行15分钟，可以拍照。

（2）动力滑翔翼：伴着夕阳，缓缓降下，安全又刺激，但不能亲自拍照。必须越过铁桥到赞比亚，缴交美元的费用。

（3）超轻飞机：类似动力滑翔翼，但可以亲自拍照。

图101

图102

图103

图104

▲

图101~图104 观赏维多利亚瀑布的直升飞机

四 非洲景区道路、游线与标识、标牌设计

1. 非洲景区道路、游线设计

1）特点—少就是多，无既是有

一般意义上景区道路与游线不仅要起到引导交通、连接景点、游览观光的功能，同时，尤其是景区内部游览道路还要起到变化、点缀、增景、增色的景观作用。南非、肯尼亚、津巴布韦三国的景区道路游线把各种景观的一野、奇、特、险、峻、壮特点体现得淋漓尽致。

非洲许多景区道路建设大量运用“少就是多，无既是有”的返璞理念，在不破坏动植物休养生息生态位的原则下，巧妙利用当地特有的环境本底和气候条件，将

图105　南非主要城市区位
图106　南非海、陆、空游线

图105

图106

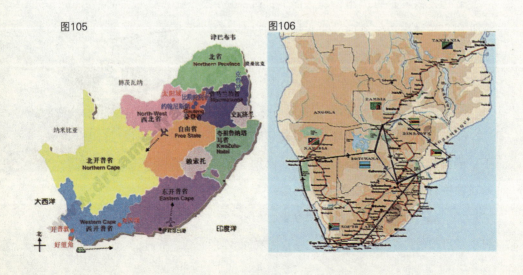

▲
图107　好望角景点道路
图108　风景区景点道路
图109　景区石材道路
图110　景区沙石道路
图111　景区土路

乔、灌、藤、草、地被、水生植物和动物群体组织起来有机形成一幅"美妙多姿、层次丰富"的立体自然画卷。道路游线隐约在整体环境中，不凸显、不强调。使游人真正地体验了原生态游览过程中所达到的移步异景、耳目一新的意境。让游人在游览过程中被那种浑然天成的"狂野生态景象"所陶醉、痴迷，更使游人达到了"回味无穷、流连忘返"的境界。

2）道路与游线设计特点

非洲景区道路与游线在满足游客生理、心理、情感、视觉和听觉愉悦要求的同时，总体上首先符合环境保护、生态第一的原则。客观上讲这是旅游人口基数所决定的，与我国国内景区人满为患的感觉比较，非洲生态游的游客数量相对较低。因此，现有较窄的道路宽度和少量的游线就能够满足景区游客流量和容量需求。

非洲景区道路在选材方面，也充分体现了自然、朴实、粗犷和就地取材的几个特征，与周边的生态自然环境十分协调。非洲景区道路数量虽少，但各条道路都能够尽显自己的特色和风格。局部遇湖泊、山体道路能够依山就势、自然流畅，顺理成章地融入自然。观景与景观路设计具体包括下面几个特点：

（1）周边环境是岩石山体的，都是选取岩石或仿岩石材质，包括栏杆扶手都选用岩石；仿石的质感、肌理、石纹、石质粗细都与周围的岩石相符，达到了以假乱真且融于周边环境、尽量不留人工痕迹的程度。周边环境是森林的，基本都设计成木栈道，包括栏杆扶手宜选用树木制作。仿木的质感、纹理、色泽、外形、形状、年轮，安全粗细的尺寸搭配也基本符合游览道路的整体要求。

（2）一些游览道路在架空和悬挑水面处建设成有间隙或透空游步道，让游客可间接观赏到游步道底部景观，达到相互渗透的效果，让游客在行走游步道游览过程中增加动感，比如东非大裂谷的谷边架空木栈道平台等。

（3）更多的景区道路设计和游览线路尽量避免了回头路，这在有利于游客安全和道路通畅同时，路程让游客一直保留着游览过程中美好兴奋的回忆。

3）其他配套设施

非洲景区的道路入口处一般都设有进出口标志、停车场、售票房、询问处、休息室、应急医疗室、导游室、公厕等设施。而大型景区功能更加齐全，增设有集散广场、用餐场所、娱乐场所等。其中一些地处景区入口的高级酒店还可以看见电子

▼ 图112 景区路牌标识

信息智能化的导游设施。

　　景区沿途也基本都设有景观游览线路的路牌和标识、标志、简介以充实和辅助说明景点内容。其他的小休息点、观景平台、安全设施、应急设施、公厕、沿途购物场所以及各种基础设施配套项目也都能够满足游客的需求。

　　值得一提的是，在每个景区游览的终点，在景观最完美、最壮观和最丰富的开阔之处，能够留有一定面积的观景台、留影处，让游人达到终点时欣赏美景，长期处于最佳兴奋、陶醉、痴迷的高潮境界。比如肯尼亚观赏火烈鸟的国家公园就留有一处位置、规模都恰到好处的山顶观景平台。

4）借鉴"花园大道"案例，对比我国景区道路建设提出反思与建议

　　从南非的开普敦至伊丽莎白港绵延749公里为南非最美的风景线，被统称为"花园大道"。很特殊，花园大道既可以被理解为国家公园的景区道路，也可以被称之为全国性质的旅游游线，让人真正感受到了景观如画、场面震撼、环境绝佳的"非洲小瑞士"之美誉。其中海滩、泻湖和山林花草的完美结合，景如一幅油画，空气清新，气候宜人。花园大道也被称为南非的"世外桃源"。我们经过湖泊沼泽区，沿途依山傍海，风景美不胜收！

　　"花园大道"的游线道路设计总体上曲折蜿蜒，若隐若现，完全体现了融入自然的理念，局部高速路路段，也很少有人工设施的痕迹，绿化植被基本采用原野乡土树种，看不出太多做作的痕迹。让游客几乎忘掉了城市的喧嚣与烦恼。南非的"花园大道"游线道路确实值得我国景区游线道路在设计与建设过程中学习和借鉴。

　　通过借鉴非洲景区道路设计的理念和思路，针对我国景区景点道路现状建设的优点与劣势，我们应该有所启发和思考。同时，对比非洲良好的资源禀赋和还没有大规模被人工开发的实际，我国众多的景区不能简单模仿非洲的一些设计理念或套用它现有的一些模式。我国景区的道路建设只能在开发与保护并重中寻求出路。只有坚持一边开发，一边保护，才能实现我国景区的健康可持续发展。

　　首先，要借鉴非洲景区道路回避核心景区、整体朴实无华、功能精简实用的设计原理。对一些不能再生的风景旅游资源和有限的生态资源，必须实行外围环绕的以保护为先的建设模式。尽量减少道路穿山越水的破坏山水肌理的鲁莽做法，从而

图113　南非花园大道——高速路
图114　南非花园大道——滨海路
图115　南非花园大道——山间路
图116　南非花园大道——乡野路
图117　人工化痕迹太浓，缺乏生态
图118　指示牌傻大笨粗，有碍观瞻
图119　道路设计不合理，容易拥堵
图120　环境质量较差，尘土飞扬

实现尊重自然规律。

其次，按照景区旅游资源自身的特色和其所在地的自然和社会环境，选择合理的开发模式。开发中要特别注意生态脆弱区、环境敏感区和珍稀自然景观和人文景观的保护，加强污染的防治和保护设施的建设，使开发利用与保护相互促进，实现良性循环。

比如肯尼亚国家公园中的景区路是分段设计的，结合城镇区域可以铺设沥青柏油路面，结合农村耕作区可以实施砂石路，如果进入景区就不再做任何人工化的道路修饰，一方面为动物的迁徙做保障，另一方面减少游客的进入。再者，还可以通过旅游费用等方面的调节，利用经济杠杆协调各方面利益关系，对旅游景区环境从根本上实现有效保护。

2. 非洲景区标识标牌体会

1）特点—彰显个性，体现国际化

非洲旅游对于中国游客来说绝对是新鲜和充满诱惑的，同时也是陌生的。如果在异国他乡的自然风景旅游中，没有导向标识，旅游就会变得盲目。在城市繁华的

图121 南非狂野之旅标志（木质）
图122 马赛马拉国家公园入口标牌（木质+动物骨骼）
图123 马赛马拉国家公园入口字形标牌（石头）
图124 旅游商店某品牌店标志（文字+环境）

街区，缺乏标识也会带来极大的不便。总体上缺乏标识标牌的城市与景区旅游环境，让游者的热情也会大打折扣。因此，标识标牌的设计和设置，是衡量本地区旅游业成熟程度和发达程度的标志之一。完整的旅游景区标识系统本身就是城市和景区最好的导游，由此提升旅游的整体档次和深度内涵，树立起良好的区域旅游形象。

在南非、肯尼亚和津巴布韦三国的城市和景区空间环境中，很容易看到满足游客的信息指示和信息传达功能。如路标、导游图、区域交通图、旅游景点导向牌以及象征性标识等。尤其在高级酒店景区，游客在享受人类古今文明魅力和生态自然景观的同时，经过精心设计的标识标牌也给景区环境增添不少亮丽元素。非洲三国中，以南非的城市和景区尤为突出。

2）以南非、肯尼亚为例

南非、肯尼亚旅游景区标识标牌除了很强的功能性，还包含了强烈的地域特色视觉审美内涵。南非标识标牌除了它的信息内容以外，对组成景观构筑的各种元素如材质、肌理、色彩、造型、比例、尺度，以及它对环境空间产生影响都有所考

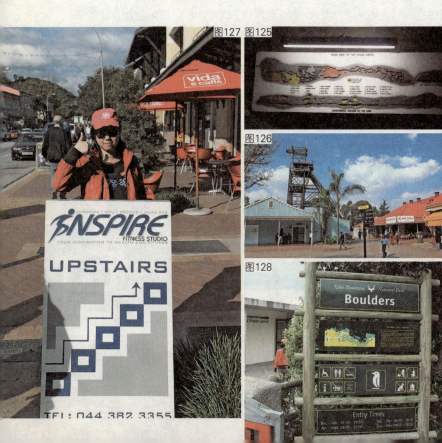

图125 奥次颂钟乳石洞图示标牌（立体地形）
图126 南非铁矿公园（路标的不同色彩）
图127 开普敦街头的路标牌（直观展示）
图128 南非景区的路示标牌（直观展示）

虑，起到更加衬托主题、强化场所气氛的作用。

旅游形象凭借吸引人的旅游活动本身构成了这个推广行为的时空条件，并借助旅游意境的审美构成而完成了形象的识别、记忆、审美感受三个过程。旅游景区标识标牌很好地起到了这个"代言功能"。使得旅游形象逐渐转化为抽象的区域形象，并为本区域的特色产品、特色经济做了最完美的信息传播和推广。

南非各个旅游景区通过标识系统的建立，为游客提供了一个新平台，人们可以随时随地地发现、阅读。通过其极富效率的宣传能力和沟通手段，充分展现本国旅游自身的特色和个性、差异性与独创性，避免普遍存在的雷同与相似，从而强化世人对于旅游地的记忆。具体有以下三种类型：

概念性符号

多用于旅游景点与旅游接待城市的导示服务系统，除与标准符号相符合以外，应设计一些区域特殊代表的简洁符号配合使用（见末页图）。

形象性符号

通过具体形象的设计、表现来明确区域典型形象的特征。例如南非开普省的平顶山模型。形象性符号多用于景观形象设计和纪念品、工艺品。

象征性符号

象征性符号往往都拥有深厚的文化背景，可以浓缩区域文化的形象精华，含义丰富。色彩的象征作用更为明显。南非景区的象征性符号主要用作标志、识别系统设计。

▼ 图129 非洲城市与景区标识一览

National Monument	Picnic Area	Cape St Blaize Lighthouse
Parking	Ostrich Show Farms	Hiking
Sport Club	Game Farm	Golf Course
Paragliding	Game Drive or 4x4	Swimming Beach
	Quad Bike	Boat Launch
Skiing		Dias Museum/ Old Post Office Tree
Canoeing	Horse Trek	Surfing
Hiking	Camel Rides	Scuba Diving
	Cango Wildlife Ranch	Whale Watching
Information Bureau	Longest Wine Route	View Point
Hospital	Restaurant/ Tea Garden	One Way Streets
Police	Curio Shop/ Wine Sales	George Airport
Post Office	Heritage Site	George Museum
Traffic Light	Waterfall	Short Course
Lookout Point	Wine Cellar	Rugby Stadium
Fishing	CapeNature	CapeNature
CapeNature	Rail Road	SANParks
Polo Field	Big Tree	Outeniqua Choo-Tjoe
Toll Route	Wildflower Reserve	Yacht Club
Airport		

第三章

非洲生态旅游接待服务基地实例介绍

FEIZHOUSHENGTAILVYOUJIEDAIFUWUJIDISHILIJIESHAO

Chapter Three

一 生态旅游接待服务基地基础研究

旅游接待服务基地的开发本质是以所依托的旅游资源为基础，结合本身的娱乐、休闲等设施，使游客在获得身心休憩、娱乐和精神陶冶的同时创造一定的效益，并最终促进当地自然环境系统的可持续发展。旅游度假建筑是接待基地开发的载体。

非洲旅游资源十分丰富多样，自然地理环境和历史文化景观具有独特性。由于长达百年的殖民历史，非洲很多国家的体制、法律、语言、饮食、生活习惯甚至交通规则都遵循了欧洲的特点，加上距离较近，致使欧洲人喜欢到非洲度假和观光，而距离较远的许多美国人对于到非洲进行惊险旅游和狩猎更感兴趣。因此，一部分非洲国家的度假观光旅游文化和产业发展较早，西方国家在当地投资、开发的旅游度假村或者度假区如雨后春笋般出现。这些度假村临近旅游资源，交通方便，设施完善，服务水平高，开发成熟度高。经过精心设计的旅游度假建筑也呈现出功能完备、流线合理、空间流畅、造型丰富、装修豪华的特点。

1. 类型

1）按自然条件及旅游资源分类

根据自然资源的不同，可分为滨海型旅游接待服务基地、温泉型旅游接待服务基地、森林型旅游接待服务基地、山地型旅游接待服务基地、滨湖型旅游接待服务基地等。

2）按接待主题与目的分类

根据度假接待主题及出游目的的不同，可以分为康体健身类、文化历史类、民俗节事类、商务会议类、休闲娱乐类等。

3）按空间特征分类

根据度假接待基地空间尺度大小及特点的不同，可分为岛屿类、城镇类、乡村类、景区景点类等。

2. 功能设施分类

旅游接待服务基地以度假接待为主要目的，通过向旅游者提供配套的设施与服务，使其获得丰富的旅游度假体验。其功能包含基础性和延展性两大方面。其基础功能主要体现在接待方面，同时根据其主题及经营内容的不同，可以配置不同的延展功能。

1）基础功能设施

基础功能设施满足游客的基本度假需求，主要包括：

（1）餐饮设施；

（2）住宿设施；

（3）旅游咨询与集散设施；

（4）旅游商品售卖设施；

（5）环卫设施。

2）延展功能设施

延展功能是根据游客的目的、活动内容，以及接待基地的主题等特色，延伸出的各类功能需求。该类设施主要分为：

（1）商务服务设施；

（2）娱乐及运动设施；

（3）文化设施；

（4）会议展览设施；

（5）休疗养设施；

（6）度假地产；

（7）其他特殊设施，如自驾车营地、背包营地等。

3. 建设选址条件

1）交通区位条件——良好的可进入性，与旅游资源地、客源市场地相接近。

2）环境条件——优美怡人的自然环境，接近旅游资源地或景区景点。

3）社会条件——当地社区居民对旅游接待的态度与看法，政府在相关政策上的优惠与支持措施。

4）经济条件——当地社区有足够的经济建设基础，所针对的客源市场具备相对应的消费基础。

5）土地建设条件——有足够的空间进行旅游接待基地的建设，并足以缓冲建设带来的污染与不利行为。

4. 规模

旅游接待服务基地按规模大小来分，主要有度假区、度假村、度假中心等。其中，度假区空间范围比较大，与旅游景区基本相当；度假村多为度假旅游区的主要接待服务设施集中区的通称，往往也集中代表度假旅游景区，有时就用作度假中心或度假酒店的名称，在空间规模上较小。

1）旅游度假区

度假区是以度假旅游为主要内容和功能的旅游景区。我国从20世纪90年代初国务院批准试办旅游度假区开始，使用"旅游度假区"这一名称，实际上是从"旅游开发区"概念逐渐转变过来的。度假区的主要特征和基本要求是：第一，以度假旅游为主要内容和功能设定，度假旅游接待服务项目、设施比较齐全；第二，空间范围比较大，与旅游景区相同；第三，拥有度假旅游的资源条件，对空气、气候、气象、水、土壤、植被、环境、氛围等要求比较高；第四，内部功能分区、规划建设、管理服务科学有序，内容、项目组合配置好；第五，内外交通、通信联系顺畅。从行业管理看，应该针对不同性质、规模的度假区制定标准进行分等定级，如国家级度假旅游区为全国最高等级，省级度假旅游区为地区最高等级。

2）度假村和度假中心

以度假旅游住宿接待服务为主要功能设定并具有餐饮、娱乐、健身、购物、日常生活服务和旅游活动组织、安排、服务等功能的度假旅游接待服务设施。主要特征和基本要求是：第一，以度假旅游的住宿、餐饮等日常生活接待服务为基本功能；第二，与其他旅游住宿接待服务比，不同的特长能够较好地满足度假旅游的不同需求，如具有家庭客房；第三，位于度假旅游区之中，且往往就是度假旅游区的接待服务中心和基地，也可以脱离度假旅游区而以独立经营服务企业的形式存在；第四，一个大中型度假旅游区往往不仅限于一个度假村或度假中心，即使是在一个度假区的同一区域以独立企业形态存在的度假村和度假中心往往也有多个；第五，度假中心往往比度假村更能够代表度假旅游区，即具有"度假旅游区的接待服务中心"的含义和功能。

5. 关于Hotel、Lodge和Camp

1）释义区别

Hotel—旅馆，旅社，饭店，大酒店（《现代英汉综合大辞典》）。

酒店（Hotel）来源于法语，当时的意思是贵族在乡间招待贵宾的别墅，在港澳地区及东南亚地区被称为"酒店"，在中国被称为酒店、饭店、宾馆、旅店、旅馆等。现代化酒店应具有下列基本条件：

（1）一座设备完善的大众周知且经政府核准的建筑；

（2）必须提供旅客的住宿和餐饮；

（3）要有为旅客提供娱乐的设施；

（4）要提供住宿、餐饮、娱乐上的理想服务；

（5）是营利的，要求取得合理的利润；

（6）以满足社会为前提。

Lodge—（森林、猎场等的）看守小屋；（北美印第安人的圆锥形）小屋，草屋，帐篷；（游览区的）小旅馆（《现代英汉综合大辞典》）。

Camp—营地，帐篷，露宿，[美]山中小房；采木区（或矿区）新兴的市镇（《现代英汉综合大辞典》）。

根据《露营地及其旅游产品开发初探》，露营（Camping）通常是指游客携带帐篷等必要的户外生活用品,在不依赖固定房屋、旅舍等建筑设施的情况下,野外生活、停宿的休闲活动。根据吴承照翻译的《国家公园游憩设计》,营地应包括中心区、用餐区、医疗保健区。中心区是所有野营者进行集体娱乐活动和文化活动的聚集区,从中心区步行很短距离就可以到达各个小组团,每个小组团都是一个供野营者及其领导睡觉用的小屋集群或帐篷集群。这些集群的中心是一个小旅馆,再加上一个洗衣房和一个公厕,便构成了一个完整的单元式野营地布局。

2)区别和比较

住宿产品是由有形设施和无形服务组成的。一切的有形设施都要通过无形服务的精心工作才能体现出来。服务产品是由服务项目、服务质量、服务设施及服务环境(整体氛围)构成的。Hotel、Lodge和Camp都不能缺少无形服务,但是在有形设施上会围绕住宿和餐饮的等级以价格为指标而递减。

通过实地调查,一个成熟而完善的营地包括中心服务区、用餐区、住宿区。住宿以自带帐篷和半永久性帐篷为主,营地还附有厕所、浴室、餐厅等设施,但设施的干净程度和可用程度差强人意,有的营地没有电,需要带相应的厨房设备材料和住宿用的帐篷防潮垫。而且很多营地设在景区的外围,而景区设有开门时间和关门时间,超过时间会罚款。高级的营地设施更为完善,不仅水电俱全,而且提供自助餐服务,住宿也不完全是帐篷,独立的木质房屋或者草屋也占据了一定比例,比如无花果树营地(Figtree Camp)。

在非洲的度假村,lodge就相当于酒店(hotel),有星级区别。这里所指的Lodge都是景区内,或者沿景区界限的。房间舒适宽敞,附设游泳池,优美的环境,各类娱乐活动,丰盛的自助餐,各种附带服务,在这里住宿就是度假,就是享受。价格根据级别不同,比camp至少贵100~300美金/晚/人。而且很多lodge需要提前预订,尤其是旺季。Lodge的建筑形式以条式的一层或者两层单廊标准间为主,阳台面向景区,充分发挥观景的功能和优势。

而一个具有国际水准的酒店(hotel),首先要有舒适安全并能吸引客人居住的客房,具有风味特色的美味佳肴的各式餐厅,还要有商业会所、洽谈室、游泳池、健身房、商品部、礼品部,以及综合服务部,如银行、邮局、电传室、美容美发厅,还要有现代化的会议设备和办公通信系统等。

二 非洲生态旅游接待服务基地规划建设

1. 选址策划

在东南非国家公园中分布着众多高档次的度假村，度假村的设立为国家公园提供了良好的住宿接待条件，并反映了东南非浓郁的地域特色与民族风情。

1）选址与整体生态环境营造

国家公园内度假村通常选址于国家公园边缘植被和水系较为丰富的地段。在整体生态环境营造方面多保留场地中原生植物群落，不加人为修饰，充分保持了度假设施用地与周边自然环境的良好联系，形成了非常生态化的度假村边缘景观环境。更令人称道的是，度假村的外围植被群落往往将度假村内的绿地与其周边的自然环境融为一体，形成了良好的联系廊道，使得外围自然环境中的动物、植物等生态元素能够很好地渗透到度假村之中。一方面保护了场地原有的生态环境、动植物的栖息场所，另一方面形成了非常独特的景观环境与度假体验空间。

2）度假村景观主题

度假村往往根据自身环境特点和所在的区域特色，营造自身主题内容与景观风格。度假村植物景观设计主题根据其建设风格可以分为：生态型、乡村型、乡土型等。

（1）生态型

主要指度假村以生态化的规划布局、建筑单体设计和环境景观设计作为主要风格。生态型度假村往往与自然环境保持着较高的联系性，外围环境的动植物与度假村内部环境保持着充分的融合状态。具有代表性的是Lake Nakuru Lodge。度假村依据其功能可以分为两种主要的景观类型。其中度假村边缘有自然河道环绕，景观建设以保留自然状态的植被为主，只是在河流护坡上局部采用石砌护岸和种植灌丛等固坡措施。人为干扰极少，生态景观、生态功能与自然环境差别很小，动植物以接近自然的状态存在。度假村内部保留了场地原生的大量乔灌木与野生植物种类，根据住宿和交通等活动的要求适当开辟道路、场地，以美化环境为目的，适当增补了三角梅、竹类、虎皮兰、剑兰、芦荟、仙人掌等灌木和地被植物作为点缀。一方面保持了整体环境高郁闭度、植物种类多样化、原生态景观氛围浓郁的环境特征，吸引了包括猴子、鸟类、蝴蝶等野生动物的驻足；另一方面度假村满足了度假活动的景观需求，并创造了接近于纯自然环境的度假生活体验。

（2）乡村型

主要指度假村以较为现代的乡村建筑和原野景观风格为主要特色。此类度假村在规划布局上往往以较为分散的建筑单体和植物群落进行安排布置，规划平面较疏朗，度假村生态景观与外围自然环境亦有较高的契合度，生态功能也比较突出。具有代表性的是马赛马拉国家公园的Fig Tree Camp度假村。首先度假村外围自然环境是大面积开阔的草地，度假村内部景观延续了其外部的自然景观环境，采用了与周边环境类似的植被构成，大面积的疏林草地作为主要的植被种植类型。并在很大程度上保持了场地与外围环境中生态生物等要素的融合和交流，吸引了大量的鸟类以及斑马、长颈鹿、野猪、猴子、穿山甲等动物进入度假村的环境之中，营造了生态化的景观特色。规划建设注重场地内原有的河流湖泊等水系的保留，水体内的河马栖息地成为度假村一项重要的生态旅游活动。度假村中人为活动较为集中的中心庭院景观经过一定的园林化处理，将开阔平整的草坪作为庭院的主要观赏对象。在具体的树种种植上比较注重植物景观与建筑在构图上的联系与配合，多采用当地的金合欢等高大乔木作为建筑的前景与背景，建筑形体退隐在大量的乔灌木的枝叶之下，极大的弱化了人为构筑的生硬线条，并加强了整体景观环境的自然和谐的美感。

（3）乡土型

主要指度假村以非洲乡土建筑和热带植物景观作为主要特色，度假村在规划设计上注重景观细节和环境的营造。具有代表性的是津巴布韦维多利亚小镇的象山饭店，饭店园林以非洲大陆旱生植物为主要品种进行景观设计，包括猴子面包树、仙人掌、芦荟、虎皮兰、沙棘等，充分体现非洲大陆干旱地区的植物景观特色。肯尼亚的Safari Park Hotel则充分利用了自己位于热带湿润地区的优势，种植了大量的樟科、豆科、棕榈科、芭蕉科、仙人掌科、紫茉莉科、鸢尾科、兰科、茜草科、禾本科、蕨类等热带植物。并配合了具有非洲艺术特点的建筑、雕塑、小品等设施，展现出具有非洲热带风情特点的度假村整体环境。

2. 场地规划

1）建设场地景观的原生性

度假酒店建筑群多选择地形复杂、空间相对独立、植被密集的生态区域，建造秉承了原始的地形地貌，尽可能地避免显露出人工开挖、雕琢的痕迹。度假酒店建筑群建设顺应地势、地貌，因地制宜，有些环境用地甚至保留了大片原始地形、地貌和原生植被，酒店建筑群与周边景致的良好衔接，好似自然有机生长的部分，将场地的原生性很好的延续下来。例如Fig Tree Camp沿河流布局的帐篷区域完全顺延了原始地形（如图1），Tree Tops的建筑采用木柱直接搭建在原始地形上，动物可自由穿行建筑底层（如图2）。

2）与周边景观的协调性

生态旅游度假酒店多位于国家公园或自然保护区内部或边缘地带，其景观特点突出与周边环境的协调。建筑多采用中小体量，分散布局，避免了密度较大对环境的影响，同时注重当地材料的应用，以达到与自然景观的充分融合。例如Tree tops旅馆建筑采用生态的木制贴面，酒店的景观设计尽可能保持旅游区的特色植被，并采用借景、对景的手法将酒店之外的生态景观引入其中，充分将建筑与整个环境融合（如图3）。Keekorok Lodge旅馆阳台处可观赏非洲草原原始风貌和斑马

图1

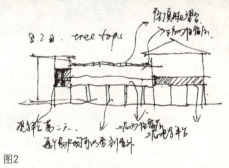

图2

图1　Fig Tree Camp沿河流布局的帐篷区域
图2　Tree tops的建筑采用木柱直接搭建在原始地形上

▲
图3 Tree tops建筑采用木制贴面
图4 keekorok lodge可观赏非洲草原原始风貌和斑马群
图5 Lake Nakulu lodge可从茶室眺望草原美景

群（如图4），Lake Nakulu Lodge可从茶室眺望远处的草原美景（如图5）。

3）与旅游功能的互补性

非洲生态旅游酒店的设计充分将餐饮、住宿、游步道、按摩池及水中娱乐设施等纳入景观范畴，充分利用资源打造高品质度假酒店，使旅游者在赏景中消费、在消费中赏景，达到旅游功能与景观的充分融合。比如通过对当地民俗及民居建造手法的吸收与再创造，采用多种新颖的处理手法，营造极具观赏性的景观建筑；将石雕、木雕等手工艺作品有机地融入到酒店的环境之中，配以加强气氛的灯光设计，既丰富了景观空间，又满足了旅游功能的需求，使酒店功能得到延伸，带来经济增长、旅游区的形象提升。例如Fig Tree Camp入口接待区的茅草屋顶不仅对建筑进行分隔，本身强烈的非洲特质也吸引着游客，Elephant Hills采用木雕的工艺品装饰整个墙体（如图6）。

▲ 图6 Elephant Hills采用木雕的工艺品装饰整个墙体

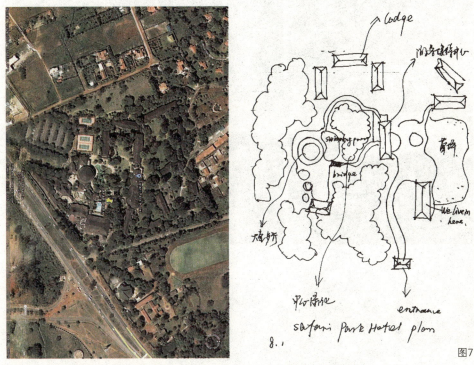

▲ 图7　Safari Park Hotel的空间格局（google卫星图片与作者意象手绘图比较）

3. 景观规划

"点"、"线"、"面"是构成空间有机整体的基础，它是一个由小到大，由一维空间到多维空间不断递进、不断升华的体系。非洲生态度假酒店在总体布局中采用了多元的处理手法，灵活地处理了景观空间的"点"、"线"、"面"关系（如图Safari Park Hotel的空间格局），中观层面主要从度假酒店空间景观艺术构成要素方面来探讨，即对这些度假酒店景观系统中"景观节点"、"景观轴"、"景观区域"的有机组织。

1）景观节点的强调

非洲生态度假酒店中突出景观节点的重要性，往往在视觉控制点、重要对景点、视线的交织点以及在活动密集、交通往返、环境转换的地方设置单一或集聚于同一主题下的景观。景观节点的处理考虑到度假区内的关联因子，强化节点的连续整合效果，以达到控制整个空间环境意象和特色的目的。比如在有突出高度和开阔视野的景观点上设置视觉控制点，在一定区域内形成具有指认与识别功能的视觉焦点，

图8 Fig Tree Camp中的入口观景塔
图9 Fig Tree Camp的入口廊桥
图10 Fig Tree Camp的入口篝火广场
图11 Safari Park Hotel入口景观广场

如Fig Tree Camp中的入口观景塔（如图8）；在主要道路端头、道路转折交叉口、滨水岸线突出区域等重要位置设置吸引物，如Fig Tree Camp的入口设置的廊桥和篝火广场（如图9~图10）；在重要的道路交叉口及转折处，即视觉的焦点和视线方位的变换点设置广场、平台等，如Safari Park Hotel入口景观广场的设置（如图11）。

2）景观轴的组织

景观轴即联系各景观节点和景观区域的通道，包括区域内各种道路及景观区域内的各种廊道。考察的生态度假酒店内在主要视觉通道和游赏活动路线布置各种观、赏、品、玩活动，形成一条或多条景观轴线，轴线的设置注重景致和活动空间的串联，且具有较好的视野空间以及周边景观的和谐尺度。例如Safari Park Hotel中就形成入口大堂—中心花园—餐厅隐性的接待景观轴（如图Safari Park Hotel的空间格局）。同时不同的景观轴线，因其所穿越的区域不同，性质和特点也不同，呈现的主题也不同。例如Keekorok Lodge内除了具有入口—主体建筑—景观花园隐性轴线外，还突出了独立木屋的弧线摆放形成的连续景观轴（如图12）。

图12 图13

图12 keekorok lodge独立木屋的弧线景观轴
图13 keekorok lodge独立木屋的隐形对称轴

图14 Tree tops的空间区划
图15 keekorok lodge酒店平面图，内除了具有入口—主体建筑—景观花园隐性轴线还突出了独立木屋的弧线摆放形成的连续景观轴

3）景观区域的设置

本次考察的生态度假酒店内多通过景观类型、空间性质和活动功能的界定形成多个景观分区，基本包含有室外休闲观景区、野生动植物观赏区、户外运动休闲区、独立木屋区、游客接待区、公共服务区等景观区域，以各种性质的道路相联系。各分区以人的行为活动为基础，以区域的整体向心作用构成其场所的性质，游客通过对内在要素的反应和认识的一致性产生对于该区域的景观意象。例如位于野生动物保护区内的Tree Tops设置是可吸引动物集中的动物活动区，为居住于此的游客观赏动物提供便利条件（如图14）。Keekorok Lodge则将景观区域划分为南部入口及中心花园景观区、中部主体建筑及配套的中心绿地区、北部野生环境景观区、西部和东部非洲草原景观区（参见Keekorok Lodge平面图）。

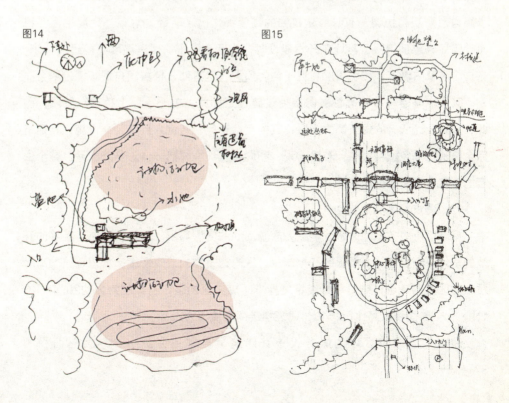

4. 建筑设计

1）建筑与环境的契合

旅游接待服务基地建筑环境设计要求建筑与环境共生，除了满足自身的主要功能外，其本身也应成为一景，与环境相契合。因此，要把建筑作为一种风景要素来考虑，使之与周围的地形地貌相适应，与山、海、岩石、草木、古迹和远景等融合为一体，构成优美的景色，同时满足各种功能的要求。在这里，风景是主体，建筑的风格、尺度、轮廓、层次和色彩等都要加以精心推敲，使之与自然环境结合得贴切、完美。

2）人工建筑物高度和面积密度的控制

（1）建筑高度的控制

旅游接待服务基地景观同城市景观明显的不同之处在于旅游接待服务基地内的绿地（含户外康体休闲活动所占的场地）所占的比例要大得多。一般在规划旅游接待服务基地时都强调将建筑面积控制在一定的比例之下，以便保持良好的环境。为了同自然景观相协调，有时对建筑物的高度都作出了明确的规定。印度尼西亚巴厘杜阿岛旅游接待服务基地在开发建设时，规定全巴厘的楼房高度不得超过15米，在这个高度限制下，楼房顶层将低于树木顶端，这有助于楼层同自然环境的融合。

其实在马赛马拉生态性服务接待设施也是如此，由于草原上植被较低矮，因此，规划设计所有的建筑都为一层，其中包括餐厅、咨询大厅等公共设施，其建筑完全掩映在绿色植物之中，若隐若现，和周边大环境浑然一体。从外围看，整个生态酒店完全消失在植被的掩映之中。

（2）建筑密度的控制

旅游接待服务基地之所以能成为旅游活动的度假场所，就是要给游客足够的开敞的室外空间。因此必须限制和控制旅游区内建筑物的建筑密度，如以普通的高品质旅游区为例来讲，制订了最高密度标准（旅游区的整个密集度为大约20间/平方公顷），楼层面积最高比例15%，建筑物最高覆盖率为25%。

通常生态旅游区中的服务设施其建筑覆盖率将会更小，约为总面积的8%~15%。

3）建筑物的设计形式

建筑物的设计形式应有一定程度的统一和规范，才能显得井井有条，但也应允许和鼓励一定程度的变异，这些变异应足以吸引人们的注意和兴趣，而又不会造成视觉景观的混乱。主导的建筑形式不仅要形成规模，而且要具有优雅、一致的风格，以一种主导的特色驾驭全局，完全消除芜杂之感。

这种主导特色可能是全部使用相同的铺面材料，相同的屋顶形状，建筑群中各个部分的相对比例或开口与墙面成一定的比例，总之，要给人一种平衡的感觉。这些要素对一个特定的地方和环境可以赋予独特的景观特色，因此往往具有象征价值，并且这些特色与周围环境保持和谐。特别是建筑材料的本土化，将极大地突出建筑的本原性，如在维多利亚瀑布景区中的景观建筑，完全以当地的茅草、石块、木材作为主要的建筑材料，以纯粹的本土特质的建筑形态来构建建筑，所呈现给游客的一定是震撼和感叹。

4）建筑物的规划与设计

在作旅游接待服务基地的规划时，首先要作出建筑规划和内部设计的初步构思，因为建筑及其内部的设计不仅具有实用功能，而且还是整个旅游接待服务基地产品中的一部分，将给度假旅游者留下深刻印象。与众不同的建筑风格，轮廓清晰和优雅的内部装修有助于产生情感的体验。旅游接待服务基地的各个组成部分必须协调一致，相互补充和强化。户外标志必须与户外用具和建筑特点相一致，建筑物内部的色彩、气质和布置必须烘托建筑设计风格。

应强调的是服务设施与周边景观（生态和文化财富）结合可以增强设施目标市场中部分不稳定客源的吸引力。为了挖掘旅游区对旅游者的潜在魅力，旅游接待服务基地中的住宿设施通过建筑技术和内部设计而促进了当地文化艺术和传统的复兴与进步。成功的度假酒店已从色彩、形式和结构上反映了当地的文化背景。如我们在前文中所提到的帐篷营地，它就是将当地的特色元素进行挖掘，充分地结合当地文脉景观规划设计，强调的是在景观规划中反映当地值得保护和加强的自然或历史特点，这一点无论从生态、景观还是旅游接待服务基地的营销方面都具有重要意义。

5）建筑单体设计特点

非洲生态度假酒店内建筑单体的设计主要体现以下三方面特点：

空间层次的丰富：生态度假酒店通常由一组层次丰富的建筑组群组成，大致包括酒店主体建筑和分散的别墅两部分。主体建筑布局相对集中，空间形式丰富多变，综合承担了接待、餐饮、会议、游泳池、Spa等诸多功能。其余建筑体量较小，巧妙分散布置在各个功能区块中，（参见Lake Nakulu Lodge平面图）。每间木屋搭配有观景平台，将非洲草原美丽的风光引入室内，达到室内外景观的融合，例如Keekorok Lodge每间屋子内的阳台可以放眼远眺美丽的草原景观（如图17），Fig Tree Camp休闲木屋入口设立的休闲空间（如图18），为在酒店和别墅度假的消费者创造怡人的休息空间和新鲜的度假体验，建筑层次丰富的Elephant Hills Hotal的阳台可观赏建筑两侧的美景（如图19）。

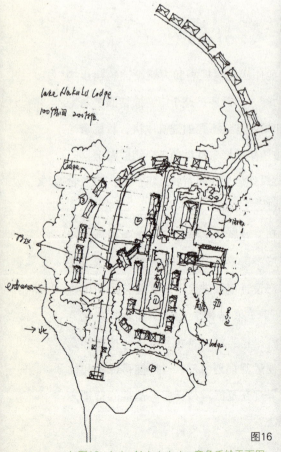

图16

▲ 图16　Lake Nakulu lodge意象手绘平面图

空间节奏的突出：在建筑群体组合时，平面空间布局时而舒缓、时而紧凑，通过游步道的串联形成序幕—开场—高潮—结局的空间游赏节奏；度假建筑立面造型高低错落，局部适当的夸张处理，形象协调多变，形成具有强烈节奏感、韵律感的空间节奏；有些散落在环境当中的独立度假木屋看似分散，实则讲求在变化中寻求规律，通过同一主体元素的反复使用，增强空间的序列感，形成极富韵律感的空间效果。（如图Elephant Hills Hotal规整的建筑序列，形成连续和谐的节奏）

地方特色的强化：度假建筑借鉴了非洲传统建筑的特点，通过大量非洲装饰元素的运用，使建筑极富地方特色。屋顶形式上，常采用坡度较大的檐顶错落搭建，并以厚重的茅草作为屋顶装饰材料，使建筑更有一种质朴、粗犷、大气、原生态的非洲特质（如图Lake Nakulu Lodge中茶室采用的茅草屋顶）。建筑的色调汲取当地传统民居的土黄色、咖啡色的美学意向，呈现出朴素、原始的气质。建筑装饰常有石材贴面、简化的木格窗、青石板铺地、木质扶手等，甚至材质可在青石、木质之间转换，产生极富特色的建筑风格。建筑构造中也体现极强的地方特色，如入口大堂、餐厅建筑多采用木构层叠而成的装饰梁架

图17

图18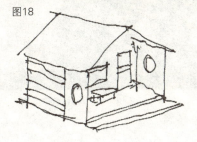

图19

图17 Keekorok Lodge每间屋子内的阳台可以放眼远眺美丽的草原景观
图18 Fig Tree Camp休闲木屋入口设立的休闲空间入口，丰富建筑层次
图19 Elephant Hills Hotal的阳台可观赏建筑两侧的美景

图20 Elephant hills hotel规整的建筑序列形成连续和谐的节奏
图21 Lake Nakulu lodge中的泳池背景的中心建筑采用的茅草屋顶
图22 keekorok lodge室内采用的非洲装饰
图23 Safari Park Hotel花园中的非洲雕塑

（如图keekorok lodge室内采用的非洲装饰，突出强化非洲特质），并采用非洲木雕、石雕等当地手工艺装饰品来使整个空间灵动、活泼起来，体现了质朴的美感（如图Safari Park Hotel花园中的非洲雕塑）。

5. 节点设计

1）入口空间

非洲生态度假酒店入口大门通常直接连接国家公园或自然保护区道路，这些道路大多采用沙石路面，因此入口大门景区的设计也避免城市化和奢华风，取而代之的是采用原始、生态手法，强调自然、粗犷风格，比如运用简易的木门、石块标志作为入口景区，做到与自然环境的有机融合。

例如Lake Nakulu Lodge仅用造型粗犷的石头灯柱作为入口大门（如图24），

第三章
非洲生态旅游接待服务基地实例介绍

马赛马拉国家公园内的Fig Tree Camp则通过石质标识牌和独具地方特色的牛角装饰（如图25）作为入口标志，另有通过碎石在入口地面拼装酒店名称形成俯视效果。Keekorok Lodge入口虽然体量较大，但通过毛石和原木的协调搭配，达到与环境的高度统一（如图26）。

2）公共绿化

酒店内的公共绿地多根据地形、地势作自然的带状、块状布局，形成不同的景观感知空间。带状绿化空间创造了幽邃感，给人视觉上的连续性；片状绿化形成隐性的围合区域，丰富了整体的空间层次。生态度假酒店内公共活动区的中心绿化往往具有较大面积，根据酒店的等级、层次形成多样的布局模式，有视野较为开阔的开敞式绿化，也有较为私密的密林状中心绿化，但任何形式的绿化均采用当地的树种搭配，植物基本无人工修饰痕迹。例如Safari Park Hotel中心区以泳池为中心，度假建筑围合成相对集中的中心绿化，配合泳池的设置，人行步道自由布局，形成幽

图24　Lake Nakulu lodge的入口空间
图25　Fig Tree Camp的入口空间
图26　Keekorok lodge的入口空间

图24

图25

图26

遂自然的中心园林绿化（如图27）。Keekorok Lodge通过酒店前密林景观与酒店后的开敞草坪景观形成两种不同风格的景观效果（如图28）。

其他空间公共绿化多配合度假建筑团状散点种植，木屋点散在大片丛林当中，无不呈现原始的自然状态。Fig Tree Camp的公共绿化最大特点就是将建筑分散，完全融入到绿化环境当中，形成独特的处理模式（如图29~30）。

▼

图27　Keekorok lodge酒店前密林景观
图28　Keekorok lodge酒店后的开敞草坪景观
图29　Fig Tree Camp完全融入绿化中的建筑
图30　Fig Tree Camp平面图，建筑及环境有机布局

图30

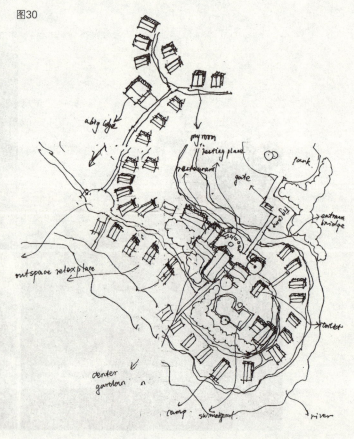

3）运动和康乐设施

非洲生态度假酒店通常在环境较好的区域布置散步路径、泳池、休闲平台等户外康乐设施，这些地段都具有便捷的步道交通和良好的周边环境。重点项目户外泳池是构成酒店整体景观的重点，也是景观与功能相结合的最好典范，其处理注意与建筑主体的相互借景，也注重自身环境的良好塑造。有些酒店追求私密性营造，泳池周边通过大片植物种植达到一定的围合效果，满足游客对社会性和私密性的要求以及场所感的产生，如Keekorok Lodge和Fig Tree Camp中半围合的泳池空间（如图31~32）。有些酒店则是将泳池作为观景主体部分，开敞的泳池成为游客观赏的重要景点，如Lake Nakulu Lodge中开敞的户外泳池（如图33）。有些酒店则更为注重周边小空间的营造，通过对植物、围墙和小品设施的配置和景观处理，增进视觉舒适度，如Safari Park Hotel 周边陶罐艺术品的布置（如图34），Fig Tree Camp泳池旁具有地方特色的鳄鱼雕塑的设置（如图34~35）。

图31　Keekorok lodge中私密的泳池
图32　Fig Tree Camp私密的泳池
图33　Lake Nakulu lodge开敞泳池
图34　Safari Park Hotel泳池旁陶瓷艺术品

▲ 图35 Fig Tree Camp泳池旁的鳄鱼雕塑

4）道路

非洲度假酒店内的道路随着地形高差的变化和建筑组团的布局设计产生变化丰富的空间。通过道路的穿针引线，经历这些空间的变化使人产生愉悦感，不觉间融入自然。非洲度假酒店内道路的设计体现了：

回环性：道路设计构成环形路，基本贯穿主要的功能区，形成环状游览线路，游客从任何一点出发都可以到达度假区内所有景点和设施。这一点在Keekorok Lodge和Safari Park Hotel中体现得较为明显（见酒店平面图）。

因景筑路：道路布局讲究因景筑路，随行就势，因此以不规则的直线或曲线为主，呈现曲折起伏的状态，使人在行进过程中产生丰富的视觉变化，若隐若现，"路因景曲，景因曲深"，形成"山重水复疑无路，柳暗花明又一村"的情趣（见Fig Tree Camp平面图）。

人性化：道路分级明确，避免不近人情的宽阔和僵直，又起到了限制车辆、人车分流、丰富度假区景观的效果。主要通道不通过主要住宿区域，避免噪声对游客的干扰。道路的节点细部设计既具有装饰效果又具有良好的向导性。如Fig Tree Camp中道路节点的特色装饰起到了明确标识的作用（如图36）。

图36 Fig Tree Camp的道路节点装饰
图37 Lake Nakulu lodge采用原木和麻绳作装饰
图38 Tree Camp的特色石制灯罩

5）细节设计

度假酒店内细部设计适应旅游者的行为模式和美的需求，具备实用与观赏的功能，其尺度、体量、色彩乃至总的风格上都与周围环境相协调。度假酒店大部分的设备和材料不是昂贵的规格品，而是设计师度身定做的，细节设计随处可见。很多细节的设计，来自于对人最细微感受的极致追求和对于回归自然、返璞归真的向往。如小小的步行道照明路灯，灯罩的设计别具一格，多采用石材贴面、原木贴面、麻绳缠绕等原始的材料和制作工艺，整体风格与建筑呼应（如图Lake Nakulu Lodge采用原木和麻绳作装饰，Fig Tree Camp的特色石制灯罩，Keekorok Lodge的麻绳灯罩）；个性的花艺，不是名品花木，而是当地植被，营造出返璞归真的环境，让人分外亲切；久违的煤油灯，包裹着木制的灯罩出现在酒店四周的草地里、墙壁上，巧妙地扮演了景观照明的角色；室外布局陈列装饰及小品，造型别致的火炉，既起到了室外照明的作用，又是取暖的主要手段，更起到了独特的装饰效果（如图Keekorok Lodge室外别致的火炉造型）；外围环境布置枯草凉棚、青石板的羊肠小道、残石砌成的休闲平台、原始图腾柱及卧式篝火台等，无不带给人回归自然的深刻感受。

图39　keekorok lodge麻绳灯罩
图40　keekorok lodge室外别致的火炉
图41　Safari Park Hotel大堂集中了多种功能
图42　Safari Park Hotel大堂集中了多种功能

6. 植物造景

度假村内庭院与集中式绿地是度假人群主要活动的场所，庭院中的主要设施往往包括露天的餐台、酒吧、泳池、休憩座椅等。度假村内部植物景观根据其主要功能可以分为：门区景观环境、中心庭院景观环境与住宿区景观环境等。

1）门区景观环境

度假村门区是度假村与外界直接联系的入口环境区，具有景观引导、标识与形象展示的作用。在植物景观的塑造上度假村的门区依据其景观特点大致可以分为两种类型，一类为生态型景观，另一类为园林型景观。

生态型景观：此类型度假村入口以保留原生态的植物景观为主，植物景观呈现荒野原始的状态，与度假村所在的自然环境融合较好。其场所的标志性通过功能性的场地设施与标示标牌等景观构建而实现。在植物景观设计上多在门区局部使用三角梅等色彩鲜艳的植物品种，形成一定的标识空间与入口引导区域。

园林型景观：度假村入口园林通常以模拟当地自然植被的生长状态为主要造景设计来源，与周围自然环境有着非常有机的联系并通过园林艺术的手段形成很好的景观标识的作用。主要代表案例为：Fig Tree Camp入口景观以当地疏林草地的植物景观为主要特点，采用高大的乔木与草坪组合的手法进行设计，整体景观气氛自然开敞，构图自然有序。金合欢平整的树冠形成了疏朗的水平构图，与其所在国家公园的典型植物景观形成了很好的呼应。

2）中心庭院景观环境

度假村中心庭院往往与度假村内的餐厅、酒吧、游泳池等设施紧密结合，形成度假区中人员集中活动的主要区域。

度假村中的中心庭院往往以集中式的绿地为主，以集中的绿化设施作为主要的观赏对象，在具体的设计手法上又呈现出丰富的艺术变化。依据植物景观布局的主要特点，可以分为集中式、散点式与组合式等几种类型。

其中集中式布局主要指庭院以一到几处集中式的种植组合作为构图中心与主要的观赏对象进行庭院布置。主要的代表案例为：Top Tree 服务基地庭院，以高大的非洲仙人掌和花样繁多的低矮的宿根花卉作为主要植物种类进行丛植,构筑三角形的种植构图,形成了整个庭院的视觉中心;庭院周边的缓坡草坪形成了开敞的外围环境和活动空间,并与中心种植群在竖向上形成了鲜明的对比。

散点式主要是指内部庭院以散点状种植的植物景观作为主要的布局手法。通常是以疏林草地为主,配合花灌木、地被植物形成庭院种植主体,以开阔的草坪、分散的高大的乔木及单株植物的形态美作为主要的观赏对象。主要代表案例为:Fig Tree Camp中心庭院,以金合欢、三角梅等为主要植物种类进行环境设计,围合了开阔的草坪,且每株庭院树均有较强的自然美感,形成了度假村主要餐厅和周边度假别墅优美的视觉环境。

组合式主要是指内部庭院的植物种类较多,植物景观以较为密集的状态进行布置,与建筑、景观小品、场地等共同作用,实现划分空间,营造环境等综合作用。组合式种植,既能表现出不同种类的个性特征又能使这些个性特征很好地协调组合在一起而形成集团美,在景观上是具有丰富表现力的一种配置方式。通常适应于度假村庭院面积较大,活动场地由多个子空间共同组成的情况。主要代表案例为:Safari Park Hotel内部庭院,该区域包括了度假村的餐厅、酒吧、烧烤场、游泳池等公共服务设施所在的环境空间,在种植设计上均运用了密植的高大热带植物进行空间划分,通过大量的植物种类进行集中地组合式种植,形成聚植的景观效果,充分发挥了植物的集团美;主要植物群落间运用了丰富的形态与色彩上的对比,突出了热带景观的主题,并构筑了富有变化的林冠线,以及场地之间富有个性的空间变化。主要运用的植物种类包括:金合欢、棕榈、旅人蕉、鸡蛋花、龟背竹、仙人掌、三角梅、芦荟、鹤望兰、龙血树、四季海棠、狗尾草等。

3)住宿区景观环境

度假村住宿区环境景观的主要功能包括美化环境、划分空间等作用,住宿区景观环境在度假区环境设计中较简单,根据度假村规模和整体环境风格通常以建筑基础绿化及组团式绿化为主。

建筑基础绿化:指度假村住宿区以建筑周边种植池、花坛等设施进行绿化布局的方式。通常在种植设计上以灌木、花卉等种植为主,适当布局乔木,通常使得建筑掩映在植物景观的环境之中，并与建筑共同形成整体的构图形象。

组团式绿化：指度假村规模较大，住宿设施分为若干组团的情况。组团式绿化通常在住宿区的绿地面积较大，除了在建筑周边留有一定的种植池外，建筑与建筑之间通常留有一定的绿化面积和花园，能够形成变化较为丰富的景观环境。主要案例为：Safari Park Hotel住宿区景观环境，组团间绿化以高大的乔木为竖向构图的主要元素，结合连绵起伏的灌丛、色彩斑斓的花带和地被植物进行空间划分和引导，富有非洲民居特色的度假建筑在植物群落中若隐若现，并与植物一起在游人行进的过程中不断变换着角度与造型，形成了非常完美的连续构图的美感。

三 非洲旅游接待服务基地案例分析

1. Safari Club Hotel（狩猎俱乐部酒店）

1）酒店主题

酒店以"游猎公园"作为主题，在非洲，很多酒店的名字里都有"游猎"（Safari）一词，但并非是真的打猎，这在非洲国家公园内是被严格禁止的，Safari只是体现了一种探险文化，缘于那些早期非洲拓荒者在丛林和草原上与野兽为伍的探索精神。这也构成了非洲主题型酒店的统一风格：采用毛石、木材和茅草等自然材料，形成粗犷的室内外装修风格；以动物的标本、头骨作为空间点缀的装饰；展现原始部落的图腾和信仰等。但不同的酒店也侧重表达不同的主题，比如这里的"游猎公园"酒店着重表达的就是非洲原始的部落文化。

2）场地认知

该度假村位于肯尼亚内罗毕东北市郊，距离市中心10公里。度假村交通便利，沿A2公路可以直达市中心，周边都是普通民居，城镇面貌一般。整个建筑群占地约3公顷，地势平坦，植被茂密。

▲ 图43　Safari Club Hotel 平面

3）平面布局

度假村以涉外旅游接待为主，包含餐饮、住宿、娱乐（健身、赌场）、纪念品售卖等功能，分散布局。建筑组合模式以接待资讯（大堂）为中心，其他功能部分围绕中心布局，以室内外的廊道、园路作为联系。住宿都是1~2层的外廊式建筑，单侧房间，每栋有8~12间标准间。

4）建筑景观风貌特色

（1）建筑布局：建筑采用自由分散的布局模式，中心是圆顶亭帐式的接待中心，周边是条带式的客房，每个客房建筑都以非洲典型的动物为其命名。在临近道路一侧布置了烤肉餐厅、购物村等特色餐饮购物空间。在接待中心的南侧，毗邻餐饮购物区域设置有亭帐式的娱乐活动中心，早餐厅也设于此，与接待中心通过一个景观水系相隔，有曲折的小路和桥梁将二者相连。娱乐中心主要提供室内球类活动，在其另一侧的室外是两个网球场，最主要的停车设施也设置于此，紧邻酒店的南侧入口。

这个酒店很有意思的一点就是没有将最主要的接待中心放在车行主入口附近，而是将其置于用地的中心位置。这样的布局虽然造成了行李搬运和客人乘降的不便，但却使旅客能够彻底摆脱停车场等设施带来的城市化印象，而充分融入园林化的景观环境中去。而前面的问题可以通过增加服务人员的数量并提供行李运送的服务得以解决。

（2）建筑高度：建筑的整体高度控制在2层，局部3层。

（3）建筑风格：中心的亭帐式接待中心和娱乐中心采用圆形的茅草屋顶，是将非洲部落中的圆形茅草屋进行夸张的表现，建筑材料基本采用石材和圆木，并用整根圆木和非精细打磨的石材表现粗犷的效果。尽管材料处理并不精细，但建筑的细节仍十分丰富，包括比例的推敲，木质外墙和窗棂的形式，家具的选取，雕塑装饰的细部以及灯饰的选择，表达得非常到位。

（4）建筑造型：与城市建筑相比，公共部分建筑，如大堂、餐厅、剧场、娱乐场为中等体量，住宿和纪念品售卖区采取分散布局，属于小体量建筑。所有建筑都非常重视近人尺度的设计，注重细节的塑造。住宿建筑横平竖直，只在建筑群组合上依据地势进行变化。其他功能，餐饮、娱乐、售卖都采用了夸张、独特的建筑造型。

（5）建筑色彩：该度假村主体色谱采用深棕色系，内外色调统一。点缀色谱也不出挑，门窗为咖啡色、白色透明玻璃，烟囱、

图44　建筑入口
图45　非洲茅草屋形式建筑
图46　庭院

室外楼梯等构件也采用了冷色系。值得一提的是，部分墙面采用韩式建筑常用的黑白相间的手法，十分突出。

（6）建筑质感：遵循韩式建筑的特点，度假村给人以木质结构的特征，为了与非洲元素相呼应，建筑群摒弃了韩式建筑木质"细腻"的质感，而是选择了较为粗糙的木质材料。虽然度假村建造年代并不久远，却没有光亮簇新的感觉，焕发出一种温润、厚重的质感。

（7）建筑细部：整组建筑的建筑细部非常出色，从设计到施工都非常精细，令人赞叹。例如屋顶、剧场和售卖区建筑都是异型平面，坡屋顶形态也是变化多端，但是建筑叠盖、交错的部分层次清晰、造型优美。每一个房间都有绝佳的观景重点。

5）环境景观风貌特色

（1）景观类型：属于内向型景观。由于该酒店是城市郊区型酒店，周边不存在可朝向或可借用的景观资源，因此其核心景观需要在酒店内部自行营造。酒店采用环抱式的建筑布局方式也是出于这个原因，因为这样仅需在中心营造景观环境，并使每间客房都有良好的视觉朝向。

（2）景观要素：度假酒店主要通过植被、水景、步行道路和连廊小品营造环境。

（3）景观布局：该度假酒店外围毗邻城市道路和居住区，因此在酒店外侧种植了较为高大茂密的乔木作为景观屏障，使客人在酒店中丝毫感觉不到城市的喧嚣，而仿若置身于原始森林般幽静。度假区内以葱郁的植被结合局部开敞的绿地和蜿蜒其中的小径构成主体景观，热带的特殊植物（如仙人柱、合欢树等）带给游人浓郁的地域特征感。核心景观区位于接待处和娱乐活动中心之间的区域，是由多层次的水景结合植被、连廊和小桥构成的一组景观。收放有致的多重景观布局使该度假酒店的室外环境舒适宜人。

2. Treetops Hotel（树顶旅馆）

第二个酒店是著名的"树顶"酒店，该酒店分为两个部分，最著名的"树顶"住宿部分位于阿布戴尔国家公园内，是一处位于保护区内的体验式旅馆。但由于

"树顶"部分的空间窄小而且承载力有限,大型行李不能携带上树,因此在奥斯班小镇上有一处负责旅客接待、行李寄存以及提供早午餐的"基地"。这两部分各有特点,将在后面分别介绍。

1)酒店主题

"Treetops"即为"树顶",也就是说酒店是建在树顶上的。这个酒店的知名卖点有三处:其一是位于国家公园野生动物保护区内特殊区位和特殊环境,其二是在树顶的特殊居住方式,其三是英国维多利亚女王当年在此酒店得知登基的历史背景,也就是著名的"上树是公主,下树是女王"的轶事。

"树顶"住宿部分的主题是"猎赏",酒店搭在数十根粗大的树干上,野生动物可以自由穿行其下。酒店每层都有观景平台供旅客观看动物,晚上也有强照明灯开着。酒店的前后有水塘吸引动物来喝水,夜幕降临时,成群结队的野生动物,如大象等便会来到旅馆前边的水塘边,或舔食塘边的盐土,或饮水吃草,或在池中戏水追逐。旅客在屋顶平台可以观赏到动物世界的千姿百态,度过一个令人难忘的夜晚。在每个房间的床头有蜂鸣器,夜间有大动物来时就会通知旅客,入住时酒店的服务人员会告诉我们响几声代表什么动物。

"基地"部分的主题是"田园",酒店采用了维多利亚时期的英国庄园式风格。

图47 远望 Treetops Hotel
图48 Treetops Hotel 近景

图47 图48

配合舒适的环境和周到的服务，达到了很好的效果。

2）场地认知

位于肯尼亚阿伯德尔国家公园（Aberdare National Park）边缘，海拔1966米，唯一一条土路可以通往公路，距离附近的尼耶（Nyeri）镇14公里，距离首都内罗毕约150公里。由于历史原因，酒店定时定点为野生动物提供水源和盐巴，吸引狮狒、野牛、羚羊、大象等取食。

3）平面布局

条形内廊式布局。低层架空方便动物通行；二层为住宿，内廊双面布局房间，公共浴室和卫生间；三层是餐厅，可以观看动物，也设有少量房间（带卫生间）；四层是露台。

4）建筑景观风貌特色

"树顶"住宿部分是一个木质结构的三层建筑。由于位于核心保护区内，建筑需尽量融入周边环境，以免由于过分突兀造成对野生动物的惊吓或使其不敢靠近，但同时又要满足住店旅客观察动物的需求。因此建筑立面的主材采用了原始的木材，同时设计了大量通透的玻璃窗和露台，使游客无论在船舱式的卧室还是在宽敞的休息间里都可以随时观赏外面的动物和风景。值得一提的是该建筑的外立面采用的不是光滑的大片木板，而是在木质墙体外又以小块的木板叠错搭接形成了鳞片式凸凹变化的立面效果，使其在近距离观察时充满细部。建筑的室内采用了"船舱式"的风格，每间客房的面积很小，仅容两张床，在公共位置集中布置卫生间、淋浴房等服务设施。室内装修中充分考虑到酒店的"原生态"体验，比如保留了大量的树干和枝杈，并人性化地在可能影响交通的位置设置了厚厚的毛毡。

（1）建筑风格：英式乡村建筑。为顺应环境，没有多余的装饰，仅在屋顶和开窗尺度上保留了建筑风格的特点。

（2）建筑造型：现在的Treetops共有50个房间，比烧毁的第一代树顶酒店扩大2倍多，住宿设施和环境也接近度假村水平了。由于自然保护区的要求，酒店只能是条形布局，但是在空旷的中非草原上，这已经是庞然大物了。酒店已经最大程

图49　Treetops Hotel 室内公共活动区，窗外即可看到野生动物
图50　Treetops Hotel 鳞片式木板外立面
图51　Treetops Hotel 原生态的室内环境设计

度上关注了环保和节能，但是如果说真的不干扰动物们栖息规律，第一代树顶酒店的建设规模（十余房间）、建造方式（架在树上）更符合保护的要求。

（3）建筑色彩和建筑质感：从环保出发，酒店全部都是木质的，外墙面直接使用了木板，经过日晒雨淋，已经变成灰褐色的斑驳质感，与大地混若一体了。室内的木质进行了防火和美观的处理，闪耀着一种英伦城堡的细腻光泽。

建筑细部：外观能简则简，在满足游客观景的前提下，开窗的尺度得到了斟酌，与外饰面的长条拉升感取得一致，某个角度看上去有歌特建筑的味道。即便在这样的限制下，在背向动物的立面上做的几个室外楼梯仍非常有设计感，其中一个还是旋转楼梯，给这栋呆板的建筑添加了一点生气。

5）环境景观风貌特色

"树顶"住宿部分是一处位于保护区内独立体验的景点，其环境就是原始自然的野生环境，并不配套人工环境。但位于奥斯班小镇的"基地"部分则配备了非常舒适优雅的景观环境。

在"基地"的入口处是高大的热带植物，在其上还栖息着各种鸟类，值得一提的是这里的停车场，由于是田园型的环境风格，所以停车位的设置没有按照城市化的做法大面积地摆放，而是分散成多个小的区域，结合着茂密的植物有机地布局。虽是停车场，却让人感觉非常舒适，并没有突兀的感觉。

"基地"内的核心景观是田园式建筑东侧的大片开敞绿地，游客可在绿地旁用餐和休息，或在绿地上散步游憩。规划中非常巧妙的一点是采用了"借景"的手法，在"基地"外围采用了高大茂密的植物将附近的居民住宅隔离在视线之外，而在面向一片开阔农田的方向将视景打开，让人置身其中丝毫感觉不到喧嚣，如同在原野上一般恬静。

3. Outspan Lodge（马鞍旅馆）

1）场地认知

马鞍旅馆（Outspan Lodge）位于肯尼亚尼耶（Nyeri）镇边北侧，临近城市主路和B5公路，地势较高，交通方便，以作为树顶酒店（Treetop hotel）的前台接待而闻名。但是从度假村设计的角度来说，Outspan的布局选址、景观营造、植被设计非常值得关注。Outspan利用山坡地势，餐厅及其室外平台可以观赏到城镇和自然保护区的景色，餐厅前的草坪植被丰富，造型美观，与度假村里众多的因势造景一样，都充满了设计者对环境、场所的深刻理解和演绎。

2）平面布局

度假村以餐饮、住宿为主，分散布局，健身（游泳池）、纪念品售卖都是袖珍型的。建筑组合模式以接待资讯（大堂）为中心，其他功能部分围绕中心布局，以室内外的廊道、园路作为联系。住宿都是1层的外廊式建筑，单侧房间，每栋约有3~4间标准间，可以直接走到庭院。

3）建筑景观风貌特色

（1）建筑风格：英式乡村建筑。

（2）建筑造型：从公共部分到住宿部分都是小体量的建筑物组合，所有建筑都非常重视近人尺度的设计，注重细节的塑造。所有建筑都有短而陡的坡屋顶，开间不大，平面横平竖直，只在建筑群组合上依据地势进行变化。

（3）建筑色彩：该度假村主体色谱采用白色，内外色调统一，屋顶为赭红，都是英式乡村建筑惯用的手法。点缀色谱为深色系，门窗为黑色或者棕色，白色透

图52 图53

▲

图52　Treetops Hotel 室外景观
图53　Outspan Lodge 平面

明玻璃，烟囱、室外楼梯等构件采用了石头。

（4）建筑质感：墙面使用了涂料和石材，屋顶应用了赭红片瓦，反映了建筑风格的一致性。

（5）建筑细部：建筑注重细部。以餐厅为例，室外部分作为室内的延续，使用同样的墙面材料和地砖。美中不足，室内外的高差仅做了一阶，不够安全。

4. Fig Tree Camp（无花果树营地）

Fig Tree Camp位于世界著名的马赛马拉国家公园内。它紧邻核心保护区的北侧，坐落于Talek河上的一处三面环水的小半岛上，选址和修建都非常有特色。正如其名字中的Camp一样，该酒店也属于景区内接待营地型主题酒店，共提供各类床位150个左右。

1）酒店主题

由于该酒店选址位于Talek河上的小半岛，这一区域是马赛马拉草原上树木较为茂密的区域之一。酒店结合半岛的地势和植被的特点,将整个主题营地融入了自然环境中,并由此形成了酒店的主题"丛林探险"。同时这里还提供了一系列"探险"类型的项目,如热气球探险、草原行走以及丛林香槟晚餐等。

2)场地认知

无花果度假村位于马赛马拉草原腹地。基地地势平坦,被一条小河所环绕,植被茂密,树种丰富,是马赛马拉草原上的人工绿洲。

3)平面布局

度假村是集中–分散式布局。大堂和餐厅、纪念品售卖等公共部分集中布置在主入口处,而住宿部分则通过放射性的园路分散在基地内。主入口通过一条架设在小河上的风雨桥与对外交通道路联系,另一个次入口在住宿区的边缘,满足安全和消防需要。风雨桥和公共部分之间布置了一个小型待客场所,起到等候、休息、交流的作用。

4)建筑景观风貌特色

(1)整体布局:整个度假区的布局非常有特点,由于三面环水,连接陆地的那一面就作了后勤服务通道,便于货物的运输和紧急疏散。游客则需要在入口处借助一座长长的木质吊桥进入酒店,这使游客从一开始就感受到了这座主题酒店的与众不同。在吊桥的另一侧是酒店的接待中心和餐饮中心,在室外的集散场地旁的一棵大树上还设置了瞭望台,游客可以登到树上去远眺马赛马拉草原。这种"山寨"般的入口设计更加鲜明地体现了"丛林探险营地"的主题。

(2)客房特色:客房部分采用分散式布局,每一个或两个房间就是一栋独立的小建筑。最外侧的沿河一带布置该酒店最富特征的"帐篷"式客房,这种客房是由两部分组成的,靠内的一半是石材砌筑的部分,主要设置卫生间等服务功能,面向河流的一侧则在实体部分外突出了一个"帐篷"部分,可供游客在此体验住宿,最大限度地感受大自然的环境。当然如果不习惯这样的方式在"实体"部分也设有床铺,作为正常的房间使用。半岛内部则布置木质双拼式客房,并在靠近入口处设计了一个游泳池和娱乐中心。

(3)建筑特色:建筑的形式都比较简单,体量也较小,这都是为了充分地融

图54　Fig Tree Camp 入口的吊桥
图55　Fig Tree Camp 的室外小品
图56　Fig Tree Camp 的帐篷式客房
图57　Fig Tree Camp 的土著式大堂

入丛林的环境而尽量地将其弱化。体量较大的建筑只有在入口处的综合接待和餐饮服务设施，建筑采用了圆形的茅草屋顶，室内则以实木的家具装修风格配合自然的石材地面形成宜人的空间环境。

（4）建筑风格：位于主入口的公共部分，包括大堂和餐厅、纪念品售卖，其形式和材料都是源自土著建筑，非常原始、古朴。住宿部分则是帐篷（camp）式的。整体来说，该度假村是源自非洲元素的乡土建筑。

（5）建筑造型：所有建筑都是变化丰富的一层坡屋顶。公共部分体量较大，内部空间很高，局部高达5~6米；住宿部分体量较小，空间紧凑。所有建筑都非常重视近人尺度的设计，注重细节的塑造。公共部分的屋顶以直锥面、圆锥面互相组合，变化丰富，造型独特，因而造就了多元、流畅的内部空间。住宿部分的六边形坡屋顶简洁了很多，以模拟帐篷的坡度。

（6）建筑色彩和建筑质感：公共部分的屋顶是用芦苇类的植物纤维铺就的，非常厚重，经过日晒雨淋，已经变成灰褐色的斑驳质感，富有层次。墙面多用当地石材，因地制宜，原始朴素。室内木质进行了防火和美观的处理。住宿部分用材较为简陋，木质经过简单的防腐、防火处理。部分房间采用了木材和织物两种材料，把帐篷直接架接到木质结构上，色彩和结构非常和谐统一。

5）环境景观风貌特色

该度假酒店的外围采用了当地马赛人的建造方式，即用厚厚的树枝或灌木围成了一个防御性很强的"树墙"，这样一方面防止野兽闯入，同时也将基地掩映于绿化之中，从外面看只有一个小小的入口标牌，从而最大程度上降低了构筑物对马赛马拉国家公园的景观影响。

这种设计使得营地的私密性很强，因此其核心景观在度假区的内部，即Talek河在度假区内的岸线。公共空间和主要的客房都沿河布置，并且距水面有较大的高差，这是为了保证河里的鳄鱼不会上岸伤人。该度假酒店的设计理念是将建筑最大程度地融入环境，因此没有在度假区内设置大型的开敞空间，而注重于在每栋建筑入口前小环境的设计，整个度假区内的感觉是幽静、私密。

5. Keekorok Lodge

Keekorok Lodge位于马赛马拉国家公园的中心，是公园里历史最为久远的一座旅馆，从这里可以方便地到达公园的任何位置，因此可以把它看做景区内的核心接待服务基地。基地占地约1平方公里，提供各类接待床位200个左右。

1）酒店主题

该主题酒店历史久远，又位于国家公园最中心的位置，这使得它最适宜体现"Safari"的核心主题，即"草原游猎"。酒店的标志就是一只奔跑着的猎豹，在酒店的周围就是广袤的非洲草原，随处可见斑马、角马、羚羊等动物在奔跑，长颈鹿、大象等大型动物也不时在酒店南侧的丛林中经过，丛林外还有一个水池，里面生活着很多河马。该基地的周围也不设围栏，动物可以自由地往来其间，酒店只通过增设夜间的巡查人员确保游客的安全。可以说这个度假酒店已经完全融入了周围的环境，尤其在夜里，推开房门外面可能就是在吃草的斑马或者瞪羚，甚至能够见到一头大象，让人真正地感觉到自己就是自然的一部分，或许这就是酒店想要表达的主题。

2）建筑景观风貌特色

（1）建筑风格：英式乡村建筑。

（2）建筑造型：公共部分体量较大，通过开间划分，弱化了建筑物的尺度感，而且丰富了外形的起伏和变化。大而陡的坡屋顶使内部空间很高，通过高耸的烟囱突破立面的冗长感。住宿部分都是一层建筑，尺度宜人。所有住房都有短而陡的坡屋顶，开间不大，平面横平竖直，只在建筑组合上设计了角度变化。

（3）建筑色彩：建筑材料突出了三段式的外观。基座的石材使整个建筑组合和谐一致，中间的白墙直接使用涂料，有些房间则用木质材料，坡屋顶采用了英式建筑常用的片瓦，反映了材料的原色。

（4）整体布局：该度假酒店的北侧是其主入口，主入口外是原始野生的开阔草原，酒店的中部是接待服务、餐饮娱乐等设施，同时还有一个公园内最大的纪念品贩售店。住宿部分以中部的公共空间为核心，向四周展开。住宿部分提供了点式

▲

图58　Fig Tree Camp 的树墙
图59　Keekorok Lodge 的悬空木栈道
图60　Keekorok Lodge 的田园风格坡屋顶

和条带式两种类型的建筑，都采用分散的布局形式。酒店的南部是一个游泳池，再向南是沿河谷的一片高大茂密的热带丛林，该酒店最富特点的地方就是在丛林中设计了一条500米左右的悬空木栈道，并在视线开敞的地方设计了局部的小型露天茶座，栈道还通向上文提及的河马池，并在河马池旁边设置了一处小型的酒吧。

（5）建筑形式：建筑形式并不复杂，中央的综合建筑采用了田园风格的坡屋顶，但在屋顶形式的交接和变化上进行了设计，形成了适宜的比例关系，并巧妙地通过两个内天井的设置为室内引入了采光和景观。周边客房的建筑形式也十分简洁，深色的黏土瓦坡屋顶，与浅色的石材墙面构成近1∶1的比例，中间用原色木材做一道檐下分隔线，配合立面上的实木门窗，形成自然、清新、简约的风格。

（6）建筑细节：尽管外形并不张扬，取材也很自然，但这座旅馆在细节的处理上是这一行所有旅馆中最为细腻的。首先在建筑的外立面上，建筑师没有采用简单的石材叠砌，而是在叠砌中加入了面状石材的平铺，面状石材大小、形状的差异构成了匀质立面中丰富的变化。其次在建筑构件（比如檐下立柱和窗下墙）上，建筑师采用了多样的处理方法，有些采用木材的横铺，有些用竖铺，有些用石材，有些用二者结合的比例关系，使之在不同的部位都有细微的变化，这些变化又是统一在相同的材料下的，这样形成的建筑形式丰富、耐看。

图61　Keekorok Lodge 的餐厅
图62　Keekorok Lodge 的石材外立面

图61　图62

图63、图64 Keekorok Lodge 精致的室内建筑装饰
图65 Keekorok Lodge 的观兽木栈道

（7）建筑装饰：在建筑室内外的装饰方面同样精彩，通过细部的装饰、铁艺、家具、植物以及不同的地面铺装，使人在方寸之间都能体味到设计的深度，这一点是非常难以做到的。

据酒店的服务人员称，当年该度假酒店是由一位非常年轻的建筑师耗费了多年的心血设计完成的，这位建筑师甚至亲自参与到酒店的建造过程中，酒店的接待前台一处猎豹的木雕是建筑师与他们共同在草原上的枯木群中发现的，经过建筑师的巧妙设计后这根朽木就变成了一匹飞奔的猎豹，并且由此确定了酒店的标志和主题。当然，建筑师的设计费用也非常高，达到了1000万美元，但只有在这种摆脱了急功近利，肯于十年磨一剑，精益求精地做好一件事情的条件下，才可能出现传世精品。

3）环境景观风貌特色

该度假酒店的核心景观是位于酒店南部的悬空木栈道，这条木栈道综合了观光、休闲等多种娱乐功能。游客在木栈道上可以近距离观赏大象、长颈鹿、河马等大型动物，以及丛林中栖息的各种鸟类。同时又可在休闲茶座上放松身心，或者到河马池旁的酒吧中小酌一杯，成为来酒店住宿的客人必去的景点之一。

酒店的另一特色景观是在夜间与动物的亲密接触，不设围栏的设计使游客在夜间仿佛置身于原始的非洲大草原中与动物共舞，这种特殊的体验让游客终生难忘，也间接地起到了环境教育的作用。

6. Lake Nakuru Lodge（纳库鲁湖旅馆）

该酒店位于纳库鲁自然保护区内，是距离纳库鲁湖核心保护区最近的几个酒店之一。建筑选址于纳库鲁湖东南角处地势较高的缓坡上，可在酒店内观赏远处的湖光山色和近处的动物。同时该酒店也是乘坐敞篷越野车进入自然保护区游赏的出发和回归营地。因此该酒店属于景区内接待营地型主题度假酒店，共设120个床位。

1）酒店主题

既是野生动物保护区内的接待营地，主题自然离不开"Safari"，但该酒店又与其他"游猎"酒店在主题上有所细分。由于纳库鲁自然保护区最著名的旅游资源就是火烈鸟，因此该酒店就以"flamingo"（火烈鸟）作为主题，这一点从该酒店的标志上就可以看出。

2）场地认知

纳库鲁湖国家公园（Lake Nakuru National Park）位于肯尼亚中部，占地188平方公里，距离内罗毕160公里。公园共有5个入口，主入口就在肯尼亚第六大城

图66　Lake Nakuru Lodge 的英式乡村建筑风格餐厅
图67　Lake Nakuru Lodge 的坡屋顶建筑
图68　Lake Nakuru Lodge 的庭院花园

市—纳库鲁市的边缘。所有景点全部以未硬化的土路联系。公园西南角有一个旅游机场。度假村位于湖区东南，距离湖区4公里，是国家公园内唯一的综合型接待设施，其余都是帐篷营地。度假村距离纳库鲁不过20公里，交通方便。

3）平面布局

该度假村规模较小，布局较为集中、简单。大堂和餐厅、纪念品售卖、娱乐设施等公共部分围绕一个小庭院布置，庭院道直接联系后方的住宿部分。住宿部分是两间一栋的townhouse，分为一南一北两区，北区一字摆开面向湖区，南区组合为弧形面向草原，共计8栋16间。

4）建筑景观风貌特色

（1）建筑风格：英式乡村建筑

（2）建筑造型：除了餐厅之外，所有建筑体量都不大，坡屋顶都是又高又陡的造型。住宿部分都是一层建筑，尺度宜人，平面横平竖直，只在建筑组合上进行角度变化。

（3）建筑质感：坡屋顶采用了英式建筑常用的片瓦，反映了材料的原色。公共部分墙面使用当地石材，住宿部分墙面也是木质饰面。整体色彩都是大地色系，与环境非常协调。

（4）建筑布局：为了能够最大限度地利用远处纳库鲁湖的景观资源，酒店选择了面向湖面横向展开的建筑布局。餐厅、酒吧和游泳池等公共服务及娱乐设施设置在中心位置，同时与入口接待部分直接相连。两翼布置各种类型的住宿房间，西侧是面向湖面一字排开的高级景观套房，东侧是圆顶的单元式房间。也许是为了布置更多的床位，很多单元式房间是朝向内院的，而且没有窗户，不能从房间内直接看到湖面。每两个圆顶房间构成一个居住单元，并在朝向内院的室外设有休闲座椅，整个区域看起来更像一个营地。

（5）建筑选材：建筑立面主要使用了石材和木材两种材料，接地部分基本都采用石材，上半部分使用木板。但在比例和做法上采取了很多变化，比如木材的45°斜砌，毛石和块石的交叉使用等等，形成了非常丰富的立面形态。同时建筑模糊了室内外材料的界限，很多室内的装修都采用了室外的材料，比如餐厅就使用了同室外一样的石材作为隔墙,并且保留了粗糙的勾缝。这种拙朴的质感与"游猎"营地的主题非常切合,与精致的桌椅和刀叉又形成了有趣的对比,丝毫不会让人觉得粗制劣造,反而有一种大巧若拙的感觉。

(6)建筑形式:建筑的形式并不夸张,但十分丰富,主体设施部分采用了较高的坡屋顶,有种英式建筑的味道,住宿部分一些是带挑檐的坡屋顶单元,还有一些采用了六边形的"攒尖"式屋顶,看上去跟土著部落的茅草屋有些神似,很有营地的感觉。

5)环境景观风貌特色

整个区域的核心景观并不在酒店用地范围内,而是远处的纳库鲁湖,因此酒店的景观设计是外向型的,使尽可能多的房间面向纳库鲁湖,并且在餐厅、泳池和休息室等公共活动空间都设有观赏平台,保证最好的通透视野。但考虑到不能满足全部的房间都看到主要景观,因此在营地内部设计了庭院花园,以满足游客在室外休闲游憩的需要。

内部的庭院花园设计较为简单,主要以当地的植被结合步行小径进行配置。步行道路的两侧设置了以原木为主体的护栏,个人感觉部分护栏设计得过粗过密,有碍室外空间的通透。

7. Elephant Hill Hotel(象山酒店)

津巴布韦的象山酒店是我们此行体验的最后一座主题酒店。它位于赞比西河畔地势较高的一座小山上,视野开阔,环境良好。酒店由著名的"非洲太阳"酒店集团建设和管理,拥有一个十八洞的著名的高尔夫球场以及近600个床位,同时配套有两个网球场、两个壁球场、游泳池、草地棍球场和小型体育馆等设施,是一座大型的综合度假酒店。

1)酒店主题

从酒店的名字可以知道,酒店的主题与"象"和"山"有关。"山"是指酒店的地理环境,"象"则源于这座酒店坐落于一条"大象通道"的旁边,这条通道其实是象群的活动路线，千百年来有无数只大象在这里经过，酒店就位于观看大象的最好位置。因此，"大象"就成为了这座酒店的标志和主题，这一主题通过建筑的颜色、材料和形式非常抽象而巧妙地表达了出来，这一点将在后文着重讲到。

2）场地认知

酒店位于津巴布韦维多利亚瀑布镇北部1.5公里处，距离瀑布国家公园入口2.5公里，距离国际机场7公里。酒店占地2平方公里（包括高尔夫球场），位于瀑布的上游，地势较高，观景效果佳。

3）平面布局

酒店为集中式L型布局，共计6层。充分利用地形优势，营造内庭院和观景平台。大堂和餐厅作为核心，组织住宿、售卖、展示、庭院、娱乐等各部分功能。住宿部分分为东西两区，都是内廊庭院式双侧布置房间。东区长100米，为争取最大观景面，设计为弧形；西区长130米，笔直地向南延伸，与东区成90°夹角。

图69　Elephant Hill Hotel 鸟瞰
图70　从窗外俯瞰 Elephant Hill Hotel

图69　图70

4）建筑景观风貌特色

（1）建筑风格：典型的现代主义风格建筑，平屋顶、强调横向线条、饰面材料简单。内部装修汲取了非洲装饰元素。

（2）建筑造型：酒店正立面长200米，体量较大。由于立面划分得当（住宿部分每20米作为一个单元），而且充分使用了小尺度的装饰和构件，使得庞大的建筑可以隐没于中非草原的大背景中。

（3）建筑质感：作为典型的现代主义风格建筑，墙面采用的灰白色涂料，内外一致，仅在外墙面靠近檐口的位置设计了假坡屋顶，使用了厚重的芦苇，经过日晒雨淋，已经变成灰褐色的斑驳质感，富有层次。得益于当地干燥晴朗的气候，亚光涂料墙面保持较好，使庞大的建筑显得轻快、明朗。

（4）建筑布局：建筑的平面布局呈"人"字形，主入口位于南侧。入口接待和餐饮活动中心位于中央的区域，客房部分分列两翼，基本呈垂直的关系。客房部分中央是一个露天的狭长庭院，庭院的两侧长边是住宿客房，短边设计了电梯、楼梯等垂直交通。由于酒店建设在一个小丘陵上，因此庭院的两侧存在着高差，酒店充分利用了场地的地形条件，不等高地布置了庭院两侧的客房，并在庭院中形成了具有自然落差的瀑布水景，处理手法十分巧妙。建筑的剖面设计也因复杂的地形条件变得有趣起来，游客由主入口进入的标高是左翼客房

图71　Elephant Hill Hotel 的狭长庭院
图72　Elephant Hill Hotel 的现代主义风格建筑

图71　图72

图73 图74

▲

图73　Elephant Hill Hotel 的大理石扶梯
图74　Elephant Hill Hotel 的半圆形室内设计元素

的四层、右翼客房的二层，居住于不同房间的客人则需要根据自己客房的所在位置或上或下。

（5）建筑装修：酒店的形式和材料也非常有特点，酒店的外墙统一采用了暖灰色涂料，颜色与非洲象皮肤的颜色非常接近，是对主题的一种抽象诠释。同时外墙并不是与地面垂直的，而是由下至上进行了收分处理，增加了敦实和厚重的感觉。在顶层部分的处理也十分巧妙，最上一层采用了茅草屋顶，并应用了上半圆弧的阳台形式，下层采用了下半圆弧的形式，并略微突出。圆弧的曲线以及处理成圆头的圆木搭配都让人联想到非洲象牙，实为大巧若拙。在细节的处理上也体现出对"象"主题的诠释，比如走廊扶手采用了光滑的米色大理石材，与下部粗糙的水刷石饰面形成对比，配合转弯处优雅的曲线，让人自然联想到光滑的象牙，又如辅助入口处的曲线处理，都隐含了"象"的暗喻。

室内的处理也采用了半圆形的元素，同时结合当地的传统手工艺品及细腻的地面铺装，让人感觉舒适、优雅而温馨。

5）环境景观风貌特色

在建筑的北侧是一处室外泳池，围绕泳池布置露天茶座及烧烤位，再向北的广阔空间是该酒店引以自豪的高尔夫球场区，球场最著名的地方在于那些不时出没的野生动物，在你挥杆的时候或许会不经意间看到一头野猪、一匹斑马，甚至一头大象，尽管偶尔游戏的过程会因这些意外的"闯入者"而中断片刻，但能在这样的自然环境中与这些野兽们共同游戏，本身也是一种享受和体验吧。

四 非洲旅游接待服务基地特点

1. 理念—尊重文化，符合生态

广义的生态概念不仅包括自然环境，也包括人工环境和人类的历史文化环境。建筑与地方历史文化和谐一致，即文化生态。文化生态涉及的是建筑与地方文化的关系，即对地方历史文化的尊重。

非洲成熟度假村在理念上表现出尊重文化，符合生态的特点，即地方文化民俗的保留、发展乡土技术与新技术手段的混合杂交以及建筑材料、设备的地方多样性。

1）非洲的度假村往往处于具有浓郁地方历史文化特征的地区，而且由于殖民历史较长，度假村建筑风格多样，既有非洲传统的风格，也有英式、荷兰式的建筑风格，使度假村独具魅力。由于民俗度假村的建造和度假经济的兴盛，有些正在消亡的文化遗产重新得到了重视，并被加以继承和发展。

2）旅游度假村建筑生态设计十分重视地方技术手段的选择与利用。在长期的发展中，地方建筑对气候、环境做出了创造性的适应，很多传统技术对度假村生态设计仍有借鉴意义。如Fig Tree Camp、Lake Nakuru lodge和Keekorok旅馆采用了当地传统的砌筑技术，以生土筑成厚厚的庄墙，在内外表面用木料和砖石砌护，这种结构保温隔热性能特别好，大大节省了空调费用。

3）重视地方材料的选择，不仅注重其循环利用的可能性与健康舒适的性能，还重视其作用于建筑形式的表现力。非洲传统的乡土建筑多用生土、石材、木材等自然材料，无污染、可循环，具有良好的生态效应。这些传统的自然材料虽无法胜任规模庞大的现代建筑的要求，但在非洲的旅游度假村建筑中，运用得当，因地制宜。

2. 空间—因地制宜，借鉴传统

1）规划设计开放、自由，视域跨度大，可以涵盖远处的景观视野
设计时考虑的范围、因素相对城市景观而言更为广泛，由田野、林地、天空等组成的开阔视野具有一种自由感。

2）建筑尊重和顺应主要的景观特征，选址依赖基地的景观特征
自然景观在旅游度假村整体设计的特征和意境方面居支配地位。

3）建筑成为景观构图的要素
犹如中国传统园林中以建筑点景、串联游路一样，建筑不仅强化景观环境的意境，更加注重建、构筑物对自然形态和轮廓的勾勒、补充。

4）按照旅游者的观景行为进行设计
根据扬·盖尔的《交往与空间》，人在景观环境中的行为可以归纳为必要性活动、选择性活动和社交性活动三类。其中选择性活动与环境质量有很密切的关系。在非洲成熟的度假村建筑成功地扩大游客在游憩中可选择性活动的范围和程度。

5）按照不同功能需要将部分单元化整为零布置在适宜地块
地形高差变化较大时，将各功能单元集中设置，需要对地形进行大量土石方工程改造，会产生增加造价，破坏自然生态和风景特质等副作用。利用化整为零的手法可以避免这种情况的出现；将旅游度假村中某些设施如住宿、餐饮等分离于主体建设在适宜用地上，各单元按照功能、空间需求进行组织，形成地段分散、功能完

整的整体。

地貌构成条件复杂，基地中有景观价值高的岩石、植被等情况，化整为零的手法可以较好地保护这些景观要素。这种情况一般需要比较详细的基地资料和多次现场踏勘而对地貌构成精确把握。

旅游度假村毗邻乡土村落时，运用化整为零的手法可以避免建筑体量过大造成的环境不协调和文脉不连续感。

6）采用了坡屋顶作为主要造型要素

采用坡屋顶容易与背景的风景环境融合，从构图上来说，坡屋顶比平屋顶变化丰富，从侧面看，坡屋顶基本的"△"形与树形和山形相似，容易产生视觉上的协调。另外，坡屋顶组合产生的参差错落的变化与自然环境中的山、树木等的搭配，在图底关系中，比平屋顶在诸如天际线等方面更加接近自然的情趣与效果。

采用坡屋顶是旅游度假村各单体间取得整体感的要素之一。度假村的度假别墅、游憩用房等在空间上相对分散，而平面常常因风景环境中相互协调的关系而有机生长，因而在构图上运用坡屋顶的造型要素易做到整体的统一。犹如我国传统民居建筑由于使用要求和地形、所处环境的不同，建筑平面形式在地方类型的基础上有许多变化，但统一采用坡屋顶形式很大程度上整合了平面上的差异，使村落整体景观效果在变化中赋予同一。

参考文献

[1] Stephen Wearing, John Neil. Ecotourism: impacts, potentials and possibilities[M]. Butterworth-Heinemann, Oxford, 1999.

[2] 陈忠晓,王仰麟,刘忠伟. 近十几年来国内外生态旅游研究进展[J]. 地球科学进展, 2001, 16 (4): 556-562.

[3] 牛亚菲. 可持续旅游、生态旅游及实施方案[J]. 地理研究, 1999, 18 (2): 179-184.

[4] 王家骏. "生态旅游"概念探微[N]. 江南大学学报（人文社会科学版）, 2002, 1 (1): 52-56.

[5] Barbara Jones, TanyaTear. 澳大利亚国家生态旅游战略[J]. 产业与环境, 1996, 18 (1): 55-57.

[6] DavidParra-Bozzano, 刘岩. 加拉帕哥斯群岛: 生态旅游与环境保护[J]. 产业与环境, 2002, 24 (3-4): 30-31.

[7] HéctorCeballos-Lascuráin, 徐鹏. 生物多样性保护规划与旅游一体化[J]. 产业与环境, 2002, 24 (3-4): 38-41.

[8] Ziffer, K. A. Ecotourism: The Uneasy Alliance[M], Ernst&Young, Washington, DC Conservation International, 1989.

[9] B. A. Masberg, N. Morales. A case analysis of stragies in ecotourism development[J]. Aquatic Ecosystem Health and Management, 1999 (2): 289-300.

[10] David A. Fennell and David B. Weaver. Vacation farms and ecotourism in Saskatchewan, Canada[J]. Journal of Rural Studies, 1997, 13 (4): 467-475.

[11] Ercan Sirakaya. Attitudinal compliance with ecotourism guidelines[J]. Annals of Tourism Research, 1997, 24 (4): 919-950.

[12] Michael Keniger. 可持续发展的生态旅游规划[J]. 世界环境, 1998 (4): 44-45.

[13] 刘家明. 生态旅游及其规划的研究进展[N]. 应用生态学报, 1998, 9 (3): 327-331.

[14] Joseph Obua. The Potential, Development and Ecological Impact of Ecotourism in Kibale National Park, Uganda[J]. Journal of Environmental Management, 1997, 50 (1): 27-38.

[15] Stefan Gössling. Ecotourism: a means to safeguard biodiversity and ecosystem functions[J]. Ecological Economics, 1999, 29 (2) 303-320.

[16] Mario Duchesne, Steeve D. Côté and Cyrille Barrette. Responses of woodland caribou to winter ecotourism in the Charlevoix Biosphere Reserve, Canada[J]. Biological Conservation, 2000, 96 (3): 311-317.

[17] AnnaTiraa, IanKarikaWilmott, 臧蕾. 塔基图穆保护区——库克群岛的社区所属生态旅游明星[J]. 产业与环境, 2002, 24 (3-4): 42-47.

[18] M. Al-Sayed and A. Al-langawi. Biological resources conservation through ecotourism development[J]. Journal of Arid Environments, 2003, 54 (1): 225-236.

[19] Sven Wunder. 2000. Ecotourism and economic incentives—an empirical approach[J]. Ecological Economics, 2000, 32（3）: 465-479.

[20] PohPohWong, 徐鹏. 东南亚沿海生态旅游的趋势[J]. 产业与环境, 2002, 24（3-4）: 20-24.

[21] V. S. Avila Foucat. Community-based ecotourism management moving towards sustainability, in Ventanilla, Oaxaca, Mexico[J]. Ocean & Coastal Management, 2002, 45（8）: 511-529.

[22] MercedesSilVa, 李滨. 加勒比地区的生态旅游: 莫失良机[J]. 产业与环境, 2002, 24（3-4）: 16-18.

[23] Chris Ryan, Karen Hughes and Sharon Chirgwin. Thegaze, spectacle and ecotourism[J]. Annals of Tourism Research, 2000, 27（1）: 148-163.

[24] Rael M. Loon and Daniel Polakow. Ecotourism ventures: Rags or Riches[J]. Annals of Tourism Research, 2001, 28（4）: 892-907.

[25] Robert R. Hearne and Zenia M. Salinas. 2002. The use of choice experiments in the analysis of tourist preferences for ecotourism development in Costa Rica[J]. Journal of Environmental Management, 2002, 65（2）: 153-163.

[26] 刘家明. 生态旅游及其规划的研究进展[N]. 应用生态学报, 1998, 9（3）: 327-331.

[27] 倪强. 近年来国内关于生态旅游研究综述[J]. 旅游学刊, 1999（3）: 40-45.

[28] 张秋菊, 海鹰. 我国生态旅游研究进展综述[N]. 新疆师范大学学报（哲学社会科学版）, 2000, 21（3）: 104-107.

[29] 陈忠晓, 王仰麟, 刘忠伟. 近十几年来国内外生态旅游研究进展[J]. 地球科学进展, 2001, 16（4）: 556-562.

[30] 牛亚菲. 可持续旅游、生态旅游及实施方案[J]. 地理研究, 1999, 18（2）: 179-184.

[31] 李东和, 张结魁. 论生态旅游的兴起及其概念实质[J]. 地理学与国土研究, 1999, 15（2）: 75-79.

[32] 王淑芳. 传统旅游与生态旅游之比较[J]. 当代生态农业, 2001（Z2）: 107-109.

[33] 金波, 王如渊, 蔡运龙. 生态旅游概念的发展及其在中国的应用[J]. 生态学杂志, 2001, 20（3）: 56-59.

[34] 王家骏. "生态旅游"概念探微[N]. 江南大学学报（人文社会科学版）, 2002, 1（1）: 52-56.

[35] 宋子千, 黄远水. 对生态旅游若干理论问题的思考[J]. 林业经济问题, 2001, 21（4）: 213-215.

[36] 陈传康, 王民, 牟光蓉. 中心城市和景区旅游开发研究[J]. 地理学与国土研究, 1996, 12（2）: 47-51.

[37] 郭来喜. 中国生态旅游—可持续旅游的基石[J]. 地理科学进展, 1997, 16（4）: 1-10.

[38] 卢云亭. 生态旅游与可持续旅游发展[J]. 经济地理, 1996, 16（1）: 106-112.

[39] 程占红, 张金屯. 生态旅游的兴起和研究进展[J]. 经济地理, 2001, 21（1）: 110-

113.

[40] 吕永龙. 生态旅游的发展与规划[J]. 自然资源学报, 1998, 13（1）: 81-86.

[41] 康云海, 宁苹. 论发展生态旅游的理论基础[J]. 生态经济, 1997（6）: 36-41.

[42] 徐君亮, 叶茂业. 景观生态学在生态旅游景观建设中的应用[J]. 热带地理, 2000, 20（4）: 286-290.

[43] 刘忠伟, 王仰麟, 陈忠晓. 景观生态学与生态旅游规划管理[J]. 地理研究, 2001, 20（2）: 206-212.

[44] 沈长智. 生态旅游系统及其开发[N]. 北京第二外国语学院学报, 2001（1）: 87-90.

[45] 杨桂芳. GIS在生态旅游中的应用及展望[J]. 自然杂志, 2002, 24（4）: 231-233.

[46] 张文敏, 于德珍. 关于生态旅游商品的几点思考[J]. 林业经济, 2001（4）: 50-54.

[47] 粟维斌. 生态旅游县建设初探[N]. 广西科学院学报, 2002, 18（2）: 84-88.

[48] 孔红梅, 齐东, 卢琦. 生态旅游规划[J]. 世界林业研究, 1995（2）: 69-71.

[49] 刘家明. 生态旅游及其规划的研究进展[N]. 应用生态学报, 1998, 9（3）: 327-331.

[50] 陈久和. 生态旅游的绿色设计研究—以杭州西湖西进为例[J]. 生态经济, 2001（12）: 35-37.

[51] 舒伯阳, 张立明. 生态旅游区的景观生态化设计[N]. 湖北大学学报（自然科学版）, 2001, 23（1）: 93-95.

[52] 侯一边. 生态旅游管理系统框架构建研究—香格里拉生态旅游示范区应用管理模式思考[J]. 思想战线, 2000, 26（1）: 77-81.

[53] 武锁庆, 鄢和琳. 生态旅游资源管理初探[J]. 生态旅游资源管理初探, 2001, 18（3）: 22-25.

[54] 刘岩, 张珞平, 洪华生. 生态旅游资源管理中社区参与激励机制探讨—以厦门岛东海岸区生态旅游开发为例[J]. 农村生态环境, 2002, 18（4）: 60-62.

[55] 郭舒, 曹宁. 生态旅游管理初步研究[N]. 北京第二外国语学院学报, 2002（6）: 86-93.

[56] 何艺玲如何发展社区生态旅游—泰国HuayHee村社区生态旅游（CBET）的经验[J]. 旅游学刊, 2002, 17（6）: 57-60.

[57] 于法稳, 尚杰. 实施生态旅游认证的紧迫性[J]. 生态经济, 2002（5）: 48-50.

[58] 牛亚菲. 可持续旅游、生态旅游及实施方案[J]. 地理研究, 1999, 18（2）: 179-184.

[59] 高曾伟. 我国生态旅游可持续发展研究[N]. 镇江市高等专科学校学报, 2000, 13（3）: 66-69.

[60] 冯卫红. 生态旅游地域系统与旅游地可持续发展探讨[J]. 经济地理, 2001, 21（1）: 114-117.

[61] 马严, 徐宝根. 生态旅游可持续发展的Butler模型定量分析[J]. 重庆环境科学, 2001, 23（5）: 15-17.

[62] 李春茂等. 生态旅游环境效应研究[J]. 福建林业科技, 2000, 27（4）: 38-40.

[63] 明庆忠, 李宏, 武友德. 生态旅游的环境影响评价初步研究[N]. 云南师范大学学报（自然科学版）, 2001, 21（1）: 60-65.

[64] 刘兴泉等. 生态旅游对生物多样性的影响分析[J]. 当代生态农业, 2001（Z2）: 50-52.

[65] 明庆忠. 试论生态旅游环境问题的类型及其产生原因[N]. 云南师范大学学报（自然科学版）, 2001, 21（2）: 67-72.

[66] 林卫强, 管东生. 生态旅游和旅游环境影响评价[J]. 重庆环境科学, 2000, 22（1）: 23-30.

[67] 常学向, 刘贤德, 金铭. 祁连山自然保护区的生态旅游及对环境的影响[J]. 甘肃林业科技, 2000, 25（4）: 61-62.

[68] 杨桂华, 文传浩, 王跃华. 生态旅游的大气及水环境效应—以滇西北碧塔海自然保护区为例2002, 山地学报. 2002, 20（6）: 752-75.

[69] 文传浩, 杨桂华, 王焕校. 滇西北香格里拉生态旅游示范区环境效应初步研究[N]. 农业环境科学学报, 2003, 22（1）: 82-85.

[70] 韦新良. 生态旅游对森林资源影响的计量分析研究[N]. 北京林业大学学报, 2003, 25（1）: 65-68.

[71] 韦新良, 姜春前, 张守攻. 生态旅游对森林资源的影响机理研究[J]. 世界林业研究, 2003, 16（1）: 15-19.

[72] 尹贻梅, 刘正浩, 刘志高. 生态旅游环境监测系统[J]. 国土与自然资源研究, 2003（1）.

[73] 李春茂, 明庆忠, 胡笃冰. 生态旅游环境容量的确定与量测[J]. 林业建设, 2000（5）: 21-25.

[74] 文传浩, 杨桂华, 王焕校. 自然保护区生态旅游环境承载力综合评价指标体系初步研究[J]. 农业环境保护, 2002, 21（4）: 365-368.

[75] 孙道玮, 陈田等. 生态旅游环境承载力研究—以净月潭国家森林公园为例[N]. 东北师大学报（自然科学版）, 2002, 34（1）: 66-71.

[76] 王佳, 路紫, 孙东敏. 生态旅游环境问题与环境承载力刍议[N]. 河北师范大学学报（自然科学版）, 2002, 26（2）: 203-207.

[77] 陈辉, 刘春草. 1998, 生态旅游及其定价方法[N]. 西北大学学报（哲学社会科学版）, 1998, 28（1）: 24-26.

[78] 钟林生, 肖笃宁, 赵士洞. 乌苏里江国家森林公园生态旅游适宜度评价[N]. 自然资源学报, 2002, 17（1）: 71-77.

[79] 全华. 生态旅游区人文建筑动态阈值模型[J]. 旅游学刊, 2002, 17（6）: 54-56.

[80] 严国泰. 生态旅游的环境效益[N]. 桂林旅游高等专科学校学报, 1999（S2）: 202-205.

[81] 明庆忠, 李宏, 徐天任. 试论生态旅游环境保育[N]. 桂林旅游高等专科学校学报, 2000, 11（4）: 55-59.

[82] 陶丽华. 生态旅游与环境保护研究—对生态旅游现状的生态学分析与展望[N]. 无锡教育学院学报, 2001, 21（3）: 70-73.

[83] 高露. 生态旅游管理亟待加强[N]. 经济参考报, 1998-6-3.

[84] 刘继生, 孔强, 陈娟. 中国自然保护区生态旅游开发研究刍议[J]. 人文地理, 1997,

12（4）: 20-24.

[85] 张光生. 自然保护区生态旅游可持续发展的对策分析[J]. 资源开发与市场, 1999, 15（4）: 244-245.

[86] 肖扬, 杨瑞卿. 我国自然保护区生态旅游的发展现状、问题及原则[N]. 忻州师院学报, 2000（2）: 36-39.

[87] 李东义. 自然保护区生态旅游的问题与对策[J]. 河北林果研究, 2000, 15（4）: 313-317.

[88] 雷鸣等. 自然保护区生态旅游与生态环境保护[N]. 湖南农业大学学报（社会科学版）, 2001, 2（3）: 70-72.

[89] 周世强. 生态旅游与自然保护、社区发展相协调的旅游行为途径[J]. 旅游学刊, 1998（4）: 33-35.

[90] 蒋明康, 吴小敏. 自然保护区生态旅游开发与管理对策研究[J]. 农村生态环境, 2000, 16（3）: 1-4, 14.

[91] 陈孝青, 王定济. 自然保护区生态旅游发展的探讨[J]. 林业经济问题, 2001, 21（4）: 216-218.

[92] 李敏. 自然保护区生态旅游景观规划研究—以目平湖湿地自然保护区为例[J]. 旅游学刊, 2002, 17（5）: 62-65.

[93] 杨帆. 森林公园生态旅游资源的开发和保护[J]. 中南林业调查规划, 1996, 15（4）: 58-61.

[94] 秦安臣, 任士福, 白晨彪. 森林生态旅游资源结构特点的研究[J]. 河北林业科技, 2001（5）: 6-8.

[95] 谭开湛. 森林生态旅游可持续发展途径[J]. 林业调查规划, 1999, 24（2）: 26-30.

[96] 秦安臣, 任士福, 马建波, 封魁生. 森林生态旅游概念的界定及其产业的正面效益[J]. 河北林果研究, 2001, 16（3）: 256-261.

[97] 刘紫青. 试论森林生态旅游的可持续发展[J]. 林业经济问题, 2002, 22（2）: 122-124.

[98] 邓金阳等. 森林生态旅游的生态影响—兼论建立定位站的必要性[J]. 农村生态环境, 1996, 12（1）: 24-28.

[99] 刘春玲. 森林生态旅游区网络分析及服务设施选址研究—以河北省太行山区森林旅游区为例[J]. 资源开发与市场, 2000, 16（1）: 55-56.

[100] 刘春玲, 路紫. 数学方法在森林生态旅游区开发中的具体应用[J]. 经济地理, 2001, 21（1）: 118-120.

[101] 但新球, 吴南飞. 森林生态旅游系统规划设计探讨[J]. 中南林业调查规划, 2001, 20（4）: 45-51.

[102] 朱信凯, 雷海章, 张娇健. 生态旅游农业发展初探[J]. 农业现代化研究, 1999, 20（6）: 372-375.

[103] 谢花林, 刘黎明, 李蕾. 开发乡村生态旅游探析[J]. 生态经济, 2002（12）: 69-71.

[104] 尹少华, 邓德胜, 文建林. 乡村旅游及其发展对策的探讨[J]. 林业经济问题, 2002,

22（5）：264-267.

[105] 王兴斌. 中国的生态旅游与旅游生态环境保护[N]. 北京第二外国语学院学报，1997（6）：29-32.

[106] 吕永龙. 生态旅游的发展与规划[N]. 自然资源学报，1998，13（1）：81-86.

[107] 杨开忠，许峰，权晓红. 生态旅游概念内涵、原则与演进[J]. 人文地理，2001，16（4）：6-10.

[108] 赵路，郑向敏. 我国生态旅游发展的障碍分析与对策研究[N]. 北京第二外国语学院学报，2001，23-27.

[109] 张建雄. 简评生态旅游泛化现象[N]. 青海师范大学学报（哲学社会科学版）. 2002（4）：89-92.

[110] 钟国平，周涛. 生态旅游若干问题探讨[M]. 地理与地理信息科学，2002：89-92.

[111] 胡爱娟. 论开发生态旅游与可持续旅游发展[J]. 商业经济与管理，2002（2）：59-61.

[112] 包维楷，印开蒲. 生态旅游：古老的实践，新兴的研究领域[J]. 世界科技研究与发展，2002，24（1）：41-46.

[113] 王瑛，王伟年. 西部生态旅游开发研究[N]. 井冈山师范学院学报，2002，23（6）：67-70.

[114] 傅岳瑛，刘琴. 我国西部生态旅游的现状和开发建议[J]. 地理学与国土研究，2002，18（2）：103-106.

[115] 马乃喜. 我国生态旅游资源的评价问题[N]. 西北大学学报（自然科学版），1996，26（2）：171-175.

[116] 黎洁. 我国自然保护区生态旅游资源价值实现方式研究[J]. 农村生态环境，2002，18（3）：61-64.

[117] 牛亚菲. 可持续旅游、生态旅游及实施方案[J]. 地理研究，1999，18（2）：179-184.

[118] Alan Collins. Tourism Development And Natural Capital[J], Annals of Tourism Research, 1999（1）.

[119] 赵红红. 苏州旅游环境容量问题初探[M]，城市规划，1983，3.

[120] 保继刚. 颐和园旅游环境容量研究[J]，中国环境科学，1987（2）.

[121] 保继刚. 旅游地理学[M]. 北京：高等教育出版社，1999.

[122] 崔凤军等. 旅游承载指数及其应用研究[J]，旅游学刊，1998（3）.

[123] 肖星，严江平. 旅游资源与开发[M]，北京：中国旅游出版社，2000.

[124] 翁瑾. 上海豫园旅游环境容量分析[N]. 桂林旅游高等专科学校学报，2000（12）.

[125] 冯学刚. 旅游管理理论、方法与实践[M]. 南京大学博士论文，1999.

[126] 杨桂华. 生态旅游[M]. 北京：高等教育出版社，2000.

[127] 胡炳清. 旅游环境容量计算方法[J]. 环境科学研究，1995（3）.

[128] Edward Inskeep. An Integrated and Sustainable Development Approach[M]. Van Nostrand Reinhold, 1991.